Die Reise in die Vergangenheit

Schülerarbeitsheft

Von Hans Ebeling
und Prof. Dr. Wolfgang Birkenfeld

erarbeitet von
Dr. Steffi Kaltenborn – Dr. Uwe Lagatz –
Cathrin Schreier – Uta Usener

mit Beiträgen von
Harald Kontofski

Band 9/10
Vom Ersten Weltkrieg
bis zur Gegenwart

westermann

Die Arbeitsblätter zu den Methodenpraktika sind in Zusammenarbeit mit dem Institut für Geschichte der Otto-von-Guericke-Universität Magdeburg entstanden:
Dr. Steffi Kaltenborn – Dr. Uwe Lagatz

Methodenpraktikum: Zeitgeschichte im digitalen Medium
Nadine Arndt – Anja Nulsch – Carolin Tilch

Methodenpraktikum: Zeitgeschichte in einer Ausstellung
Julia Berretz – Sabrina Genetzke

Bildquellen
|akg-images GmbH, Berlin: 8, 11, 11, 28. |alamy images, Abingdon/Oxfordshire: Hovington, Stephen 7; World History Archive Titel, Titel. |bpk-Bildagentur, Berlin: 3, 8; Archiv Pisarek 11; F. Timpe 28; Gebr. Haeckel 5. |Deutsches Historisches Museum, Berlin: 15, 15, 15. |Fotodesign Sierigk, Braunschweig: dpa-infografik 31. |fotolia.com, New York: Tony4turban 44. |Göttinger Tageblatt GmbH, Göttingen: 11. |Hanel, Walter, Bergisch Gladbach: 25, 42. |Historische Bildpostkarten - Universität Osnabrück - Sammlung Prof. Dr. Sabine Giesbrecht, www.bildpostkarten.uos.de, Osnabrück: 3. |Hutchison Picture Library, London: © EyeUbiquitous 17. |Keystone Pressedienst, Hamburg: 11. |Landesarchiv Baden-Württemberg, Stuttgart: 30. |Picture-Alliance GmbH, Frankfurt/M.: A. Hennig 33; dpa 28; dpa/A. Hennig 33; dpa/H. Sanden 34; KPA/HIP/Jewish Cronicle Ltd 34. |Süddeutsche Zeitung - Photo, München: 28; Berthold Fischer 28; S.M. 9. |Tonn, Dieter, Bovenden-Lenglern: 44. |ullstein bild, Berlin: 5, 8; AKG Pressebild 12; Archiv Gerstenberg 11, 16; dpa 33; Herbert Maschke 28 o. re.; KPA 18; LEONE 4, 4; vario images 34. |WIKIMEDIA Foundation, Inc., San Francisco: CC BY-SA 3.0. 22.

alle übrigen Karten und Schaubilder: Westermann Kartographie/Technisch Graphische Abteilung, Braunschweig

Georg-Westermann-Allee 66, 38104 Braunschweig
www.westermann.de

Druck A^{8} / Jahr 2024
Alle Drucke der Serie A sind im Unterricht parallel verwendbar.

Die Seiten dieses Produkts bestehen zu 100 % aus Altpapier.

Damit tragen wir dazu bei, dass Wald geschützt wird, Ressourcen geschont werden und der Einsatz von Chemikalien reduziert wird. Die Produktion eines Klassensatzes unserer Arbeitshefte aus reinem Altpapier spart durchschnittlich 12 Kilogramm Holz und 178 Liter Wasser, sie vermeidet 7 Kilogramm Abfall und reduziert den Ausstoß von Kohlendioxid im Vergleich zu einem Klassensatz aus Frischfaserpapier. Unser Recyclingpapier ist nach den Richtlinien des Blauen Engels zertifiziert.

Redaktion: Jörg Musiol
Herstellung: Andreas Losse
Satz: AndersARTig Werbung & Verlag GmbH, Braunschweig
Druck und Bindung: Westermann Druck GmbH, Georg-Westermann-Allee 66, 38104 Braunschweig

ISBN 978-3-14-**142769**-1

1 Postkarten als Propagandamittel während des Krieges

> Seite 10–23

Interpretiere die folgenden Postkarten als Mittel der Kriegspropaganda.

Herausgeber:

Beschreibung und Deutung verwendeter Stilmittel:

Absicht:

Herausgeber:

Beschreibung und Deutung verwendeter Stilmittel:

Absicht:

2 Kriegspropaganda in Deutschland

> Seite 16–21; 24/25

1. Beschreibe mit eigenen Worten, was folgende Reime über die Sprecher aussagen.

Serbien muss sterbien!
Serben, wir hau'n euch in Scherben!
Jeder Stoß ein Franzos!
Jeder Schuss ein Russ!
Jeder Tritt ein Britt!

2. Untersuche die Absicht und Wirkung der folgenden Plakate.

3 Die neue Dimension des Ersten Weltkrieges

> Seite 16–29

Vervollständige den Lückentext. Nutze die folgenden Wörter bzw. Wortgruppen:

weltweit – 14-Punkte-Programm – Kriegsmaterialien– Kriegsmaschinerie – USA – Fronten – politisch – Mobilisierung – industrialisierter Krieg – Weltkrieg – 1914 – Wirtschaftskraft – Alliierte

Soldat bei einem Gasangriff

Der erste ________________ Krieg in der Menschheitsgeschichte begann ____________. Dieser erfasste die meisten europäischen Staaten; sie waren ihren Bündnisverpflichtungen nachgekommen. Auf den Schlachtfeldern, den Meeren und in der Luft kam eine gewaltige ________________ zum Einsatz. Die Anforderungen des Bewegungs- und Stellungskrieges sowie der Materialschlachten strapazierten die ________________ der Länder. Unter den Folgen der Kriegsproduktion litten die Menschen in der Heimat.

Der Krieg beanspruchte alle menschlichen und wirtschaftlichen Möglichkeiten der beteiligten Länder. In den Schlachten starben Hunderttausende. Riesige Mengen an ________________ kamen zum Einsatz. Verluste an den ________________ forderten ständig die ________________ von Reserven. Beim Ersten Weltkrieg wird deshalb auch vom ersten ________________ gesprochen.

Mit dem Kriegseintritt der USA weitete sich der europäische Krieg zu einem ________________ aus. Die ____________ beeinflussten den Ausgang des Krieges maßgeblich. Sie stärkten militärisch und wirtschaftlich die Seite der ________________. Ein Friedensprogramm stellte den Ausgangspunkt für die Friedensverhandlungen in Versailles dar. Mit dem ________________ des US-amerikanischen Präsidenten Wilson untermauerten die Vereinigten Staaten das Ziel einer ________________ Lösung des Ersten Weltkrieges.

Frauen bei der Arbeit in einer Munitionsfabrik.

4 Die Folgen des Krieges

> Seite 32/33

Veranschauliche die Zahl der gefallenen Soldaten in der Karte.
Trage für je 100.000 Gefallene ein Kreuz (†) in das jeweilige Land ein.

Staaten	Gefallene
Deutschland	1,8 Millionen
Frankreich	1,4 Millionen
Großbritannien	0,9 Millionen
Italien	0,5 Millionen
Österreich-Ungarn	1,2 Millionen
Russland	1,7 Millionen
Serbien	0,36 Millionen
Türkei	0,30 Millionen
Rumänien	0,25 Millionen
USA	0,115 Millionen

(Die Opfer unter den Zivilisten wurden nicht berücksichtigt.)

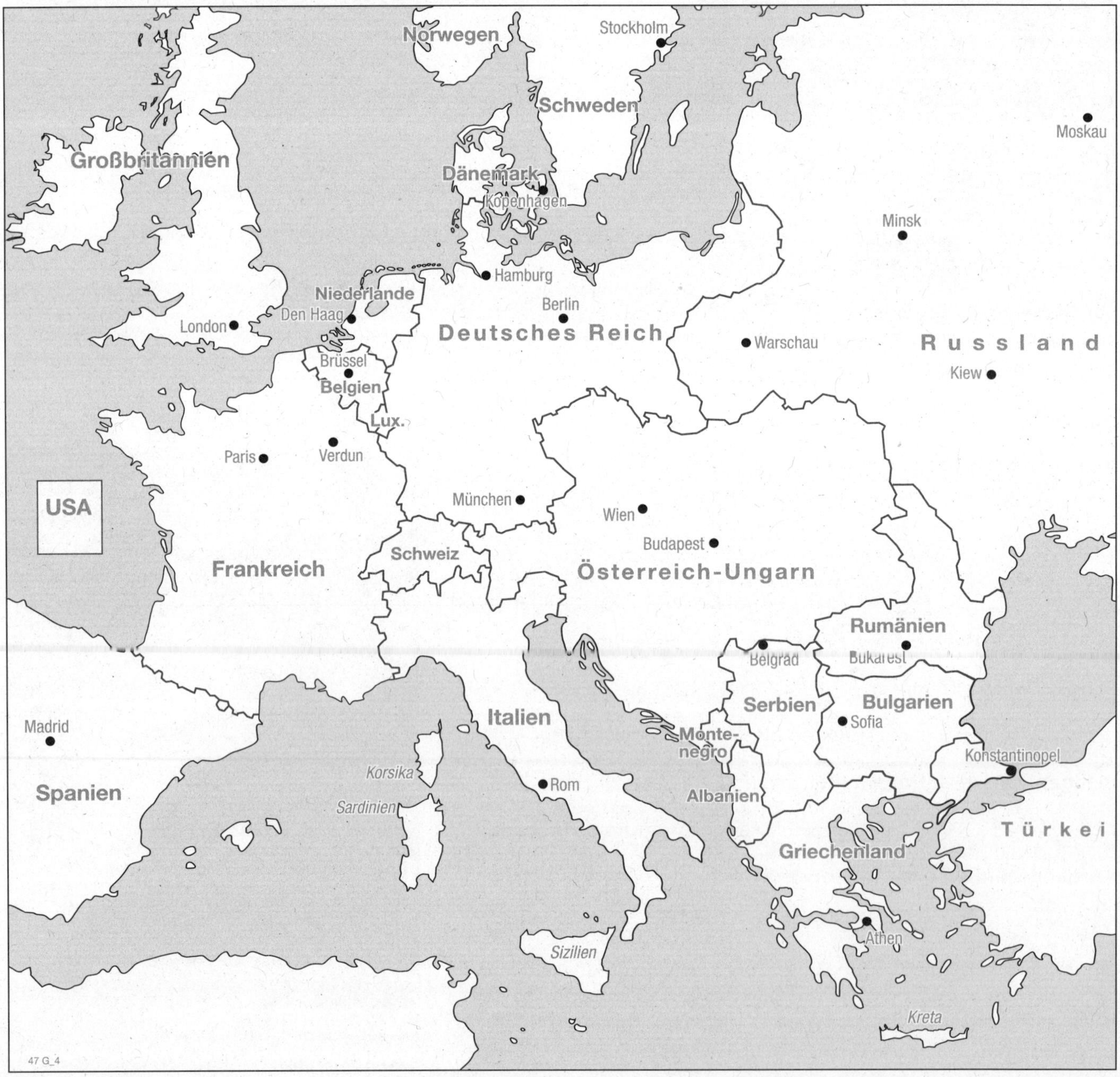

5 Wissenstest zum Ersten Weltkrieg

> Seite 16–33

Beantworte folgende Fragen und löse das untenstehende Rätsel.

1. Ort des Attentats auf den österreichischen Thronfolger
2. Friedensabschluss unter Ausnutzung von Kriegsvorteilen
3. Schlacht mit großem Aufwand an Waffen und Munition
4. Chemische Waffe, die erstmals eingesetzt wurde
5. „Wunderwaffe" im Ersten Weltkrieg
6. Hungerzeit 1916/17 in Deutschland
7. Verkündete die wichtigste Friedensinitiative der USA (Vor- und Nachname als ein Wort notieren)
8. Krieg mit Fronten, die sich rasch ändern
9. Absperrung eines Staates von Handelsgütern
10. Ort der Unterzeichnung des deutsch-russischen Friedensvertrages
11. Kämpfe im befestigten Grabensystem
12. Bezeichnung für Kriegsentschädigungszahlungen
13. Name des letzten deutschen Kaisers
14. Schwerer Beschuss der Artillerie über längere Zeit
15. Schutzeinrichtung für Soldaten im offenen Gelände

Gedenkstätte bei Amiens in Frankreich. Auf den Pfeilern sind die Namen von 73 357 vermissten Soldaten aufgeführt.

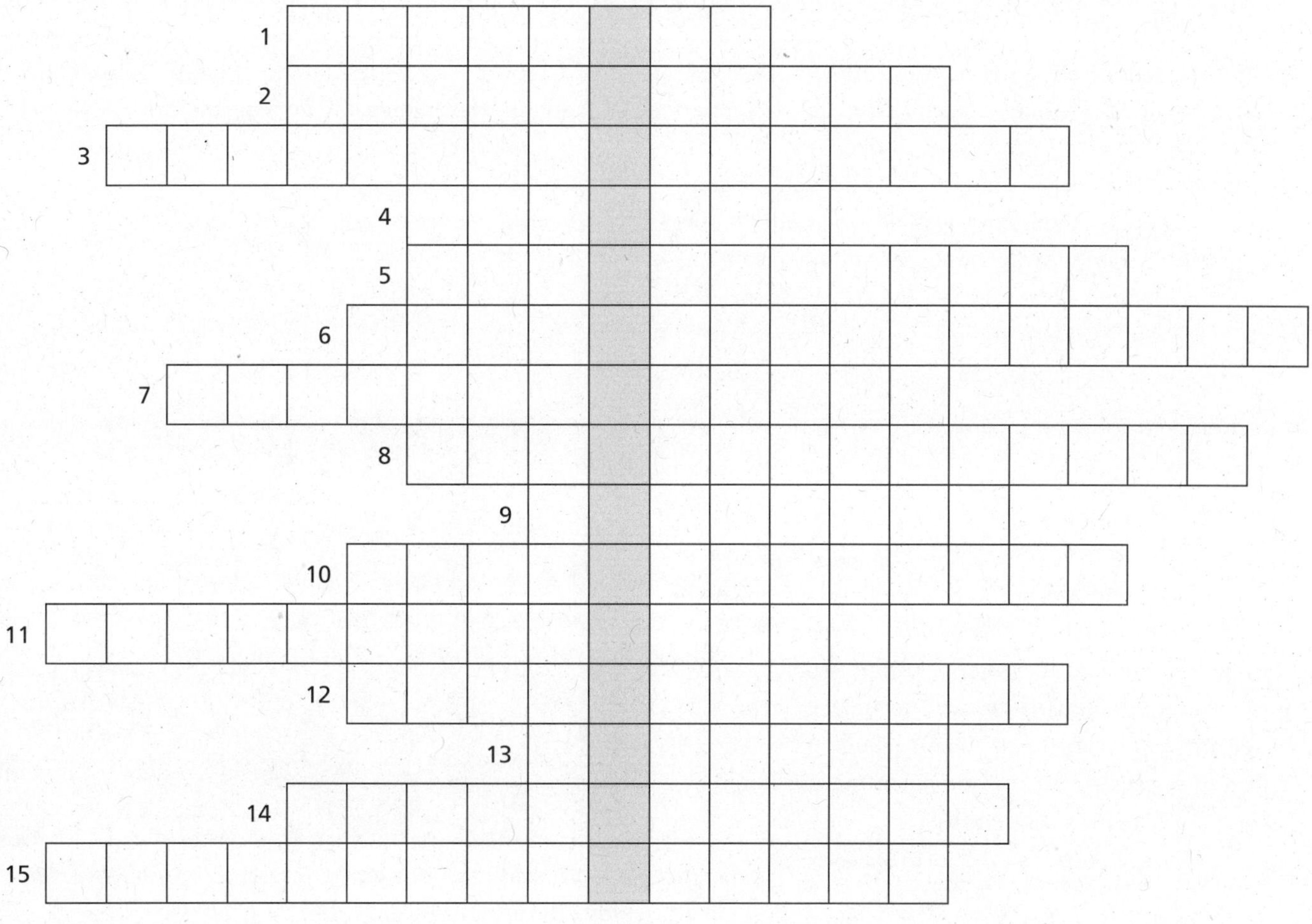

Lösungswort: ____________________________

6 Machtergreifung oder Machtübergabe

> Seite 52–55

Die NSDAP erklärte den 30. Januar zum „Tag der Machtergreifung". Dieser Feiertag wurde mit großen Aufmärschen und Appellen begangen.
Überprüfe, inwieweit die NSDAP die Macht aus eigener Kraft ergriffen hat und ordne die folgenden Bilder und Textquellen dem Begriff „Machtergreifung" oder „Machtübergabe" zu.

Reichskanzler Adolf Hitler verabschiedet sich von Reichspräsident Hindenburg, 21.03.1933.

Die SA bewacht nach dem Reichstagsbrand verhaftete Kommunisten, März 1933.

Aus Hitlers Rede zur Eröffnung des Reichstages am 21. März 1933 in der Potsdamer Garnisionkirche:

> … Trotz Fleiß und Arbeitswillen, trotz Tatkraft, einem reichen Wissen und bestem Wollen suchen Millionen Deutsche heute vergebens das tägliche Brot. Die Wirtschaft verödet, die Finanzen sind zerrüttet, Millionen sind ohne Arbeit! … Während so das Deutsche Volk und Deutsche Reich in inneren politischen Zwiespalt und Hader versanken, die Wirtschaft dem Elend entgegentrieb, begann die neue Sammlung der deutschen Menschen, die in einem gläubigen Vertrauen auf das eigene Volk dieses zu einer neuen Gemeinschaft formen wollen. Diesem jungen Deutschland haben Sie, Herr Generalfeldmarschall, am 30. Januar 1933 in großherzigem Entschluss die Führung des Reiches anvertraut. …
>
> Klöss, Erhard (Hg.): Reden des Führers. Politik und Propaganda Hitlers. München 1967. S. 142 f.

Aus einer vertraulichen Information von Industriellen vom 26.11.1932:

> … ergab … die überraschende Tatsache, dass fast die gesamte Industrie die Berufung Hitlers, gleichgültig unter welchen Umständen, wünscht. Während man noch vor wenigen Wochen Papen zugejubelt hat, ist man heute der Auffassung, dass es der größte Fehler sei, wenn Hitler auch unter Vorbringung ernsthafter Gründe, nicht mit der Regierungsbildung beauftragt würde.
>
> Aus: Der deutsche Faschismus in Quellen und Dokumenten. Papy Rossa Verlag. Köln 2000. S. 150.

Die SA während des Vorbeimarsches vor Reichspräsident Hindenburg, 21. 03. 1933.

7 Die NSDAP an der Macht

> Seite 52–57

1. Nenne die Namen der Personen, die auf der um 1933 erschienenen Postkarte abgebildet sind.
2. Erkläre, auf welche historischen Ereignisse sich die NSDAP damit bezieht.

3. Ab 1933 baute die NSDAP ihre Machtbasis aus. Ordne die folgenden Ereignisse chronologisch (1–10).

- ◯ Hitler wird Reichskanzler
- ◯ erste Konzentrationslager
- ◯ Ermächtigungsgesetz
- ◯ Reichstagsbrandverordnung
- ◯ Eröffnung des Reichstages
- ◯ Verbot der Gewerkschaften
- ◯ Gesetz gegen die Neubildung von Parteien
- ◯ Boykottaufruf gegen jüdische Geschäfte
- ◯ Gesetz zur Gleichschaltung der Länder
- ◯ Hitler vereint die politische Macht als „Führer des Deutschen Reiches“ in seiner Person

4. Beschreibe mithilfe der oben genannten Ereignisse, wie die NSDAP ihre Diktatur errichten konnte.

8 Das Volk wird gleichgeschaltet

> Seite 58–61

1. Analysiere die folgende Quelle.
2. Ergänze anhand der Quelle und des Buches nationalsozialistische Organisationen, in denen Kinder, Jugendliche und junge Erwachsene Mitglieder waren.

Adolf Hitler vor HJ-Führern in Reichenberg am 4. Dezember 1938:

Dann kommt eine neue deutsche Jugend, und die dressieren wir schon von ganz kleinem an für diesen Staat. Diese Jugend, die lernt ja nichts anderes als deutsch denken, deutsch handeln. Und wenn diese Knaben und Mädchen mit ihren zehn Jahren in unsere Organisationen hineinkommen und dort nun wie so oft zum ersten Mal überhaupt eine frische Luft bekommen und fühlen, dann kommen sie vier Jahre später vom Jungvolk in die Hitlerjugend, und dort behalten wir sie wieder vier Jahre, und dann geben wir sie erst recht nicht zurück in die Hände unserer alten Klassen- und Standes-Erzeuger, sondern dann nehmen wir sie wieder fort in die Partei und die Arbeitsfront, in die SA oder in die SS … usw. Und wenn sie da drei Jahre oder anderthalb Jahre sind und noch nicht ganze Nationalsozialisten geworden sein sollten, dann kommen sie in den Arbeitsdienst und werden dort wieder sechs und sieben Monate geschliffen, alles mit einem Symbol, dem deutschen Spaten. Und was dann nach sechs oder sieben Monaten noch an Klassenbewusstsein oder Standesdünkel da oder da noch vorhanden sein sollte, das übernimmt dann die Wehrmacht zur weiteren Behandlung auf zwei Jahre. Und wenn sie dann nach zwei oder drei oder vier Jahren zurückkehren, dann nehmen wir sie, damit sie auf keinen Fall rückfällig werden, sofort wieder in SA, SS usw., und sie werden nicht mehr frei ihr ganzes Leben und sie sind glücklich dabei.

bis zum 10. Lebensjahr	**bis zum 14. Lebensjahr**	**bis zum 18. Lebensjahr**	**ab dem 18. Lebensjahr**

3. „… und sie sind glücklich dabei." Sammle mögliche Argumente von Anhängern und Gegnern der von Hitler formulierten Jugendpolitik.

> Seite 66–68

Ordne die Abbildungen den Ereignissen der Zeittafel zu.

①
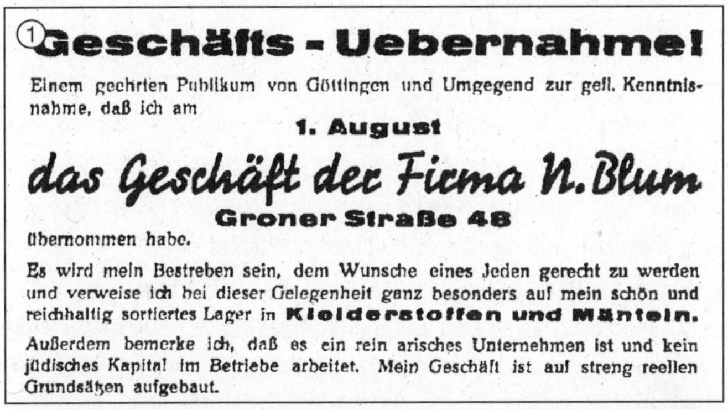
Geschäfts - Uebernahme!

Einem geehrten Publikum von Göttingen und Umgegend zur gefl. Kenntnisnahme, daß ich am

1. August

das Geschäft der Firma N. Blum

Groner Straße 48

übernommen habe.

Es wird mein Bestreben sein, dem Wunsche eines Jeden gerecht zu werden und verweise ich bei dieser Gelegenheit ganz besonders auf mein schön und reichhaltig sortiertes Lager in **Kleiderstoffen und Mänteln.**

Außerdem bemerke ich, daß es ein rein arisches Unternehmen ist und kein jüdisches Kapital im Betriebe arbeitet. Mein Geschäft ist auf streng reellen Grundsätzen aufgebaut.

②

③

1933	Aufruf zum allgemeinen Boykott jüdischer Geschäfte	
	Jüdischen Ärzten in Krankenhäusern und Anwälten wird die Zulassung entzogen.	
	Jüdische Professoren und Notare sowie Arbeiter und Angestellte im öffentlichen Dienst dürfen nicht mehr arbeiten.	
	Jüdische Schriftsteller und Künstler erhalten Berufsverbot.	
1935	Nürnberger Rassengesetze	
1938	Jüdische Händler und Handwerker müssen ihre Geschäfte aufgeben; Juden dürfen nicht studieren.	
	Juden dürfen nicht mehr Auto oder Motorrad fahren, Führerscheine werden eingezogen.	
	Parks, Wälder, Theater und Kinos sind für Juden verboten.	
1939	Jüdische Zahnärzte, Tierärzte und Apotheker dürfen ihren Beruf nicht ausüben.	
	Persönliche Wertgegenstände aus Gold, Silber und Platin müssen von Juden abgegeben werden.	
	Juden müssen Rundfunkempfänger abliefern.	
1941	Alle Juden müssen in der Öffentlichkeit den gelben Davidstern tragen.	
	Kein Jude darf mehr aus Deutschland auswandern.	

④

⑤

⑥

10 Anne Frank

> Seite 66–71

Anne Frank wurde am 12. Juni 1929 in Frankfurt a. M. als Tochter des jüdischen Kaufmanns Otto Frank und dessen Frau Edith geboren. Nach der Machtübernahme Hitlers 1933 flüchtete die Familie 1934 nach Amsterdam. Als deutsche Truppen in die Niederlande einmarschierten, spürte Anne zunehmend Hass und Einschränkungen. Nachdem die Nationalsozialisten auch in Amsterdam begannen, Juden in Lager zu verschleppen, musste sich die Familie, die nicht mehr flüchten konnte, verstecken. Zusammen mit vier weiteren Menschen wurde die Familie Frank im Hinterhaus des väterlichen Geschäfts von den holländischen Angestellten der Firma versteckt und mit Lebensmitteln und Neuigkeiten versorgt.
Anne begann im Versteck, ein Tagebuch zu schreiben, und gab ihm den Namen Kitty. Der erste Eintag vom 12. Juni 1942 lautete:
„Ich werde, hoffe ich, dir alles anvertrauen können, wie ich es noch bei niemandem gekonnt habe, und ich hoffe, du wirst mir eine große Stütze sein."

Freitag, 9. Oktober 1942

Liebe Kitty!

Nichts als traurige und deprimierende Nachrichten habe ich heute. Unsere jüdischen Bekannten werden gleich gruppenweise festgenommen. Die Gestapo geht nicht im geringsten zart mit den Menschen um … Wenn es in Holland schon so schlimm ist, wie muss es dann erst in Polen sein? Wir nehmen an, dass die meisten Menschen ermordet werden. Der englische Sender spricht von Vergasen. Vielleicht ist das noch die schnellste Methode zu sterben.

Ich bin völlig durcheinander. Miep erzählt all diese Greuelgeschichten so ergreifend und ist selbst ganz aufgeregt dabei. Erst neulich saß zum Beispiel eine alte, lahme jüdische Frau vor ihrer Tür und musste auf die Gestapo warten, die weggegangen war, um ein Auto zu holen, um sie abzutransportieren. Die arme Alte hatte solche Angst vor der Schießerei auf die englischen Flugzeuge und auch vor den grellen, flitzenden Scheinwerfern. Trotzdem wagte es Miep nicht, sie ins Haus zu holen, das würde niemand tun. Die Herrn Deutschen sind nicht zimperlich in der Strafe.

Ich bin noch nicht fertig mit meinem Trauergesang. Hast du schon mal was von Geiseln gehört? Das führen sie nun als neueste Strafmethode für Sabotage ein. Etwas Schrecklicheres kann man sich nicht vorstellen. Angesehene, unschuldige Bürger werden verhaftet und warten auf ihre Ermordung. Wird irgendwo sabotiert und der Täter nicht gefunden, stellt die Gestapo seelenruhig so fünf Geiseln an die Wand. Oft stehen die Todesmeldungen in der Zeitung. Ein „schicksalhaftes Unglück" wird dieses Verbrechen dann genannt. Ein schönes Volk, die Deutschen, und da gehöre ich eigentlich auch noch dazu! Aber nein, Hitler hat uns längst staatenlos gemacht. Und im übrigen gibt es keine größere Feindschaft dieser Welt als zwischen Deutschen und Juden.

Deine Anne

Samstag, 15. Juli 1944

Liebe Kitty,

es ist ein Wunder, dass ich all meine Hoffnungen noch nicht aufgegeben habe, denn sie scheinen absurd und unerfüllbar. Doch ich halte daran fest, trotz allem, weil ich noch stets an das Gute im Menschen glaube. Es ist mir nun einmal nicht möglich, alles auf der Basis von Tod, Elend und Verwirrung aufzubauen. Ich sehe, wie die Welt langsam mehr und mehr in eine Wüste verwandelt wird, ich höre immer stärker den anrollenden Donner, der auch uns töten wird, ich fühle das Leid von Millionen Menschen mit, und doch, wenn ich nach dem Himmel sehe, denke ich, dass alles sich wieder zum Guten wenden wird, dass auch diese Härte ein Ende haben muss.

11 Anne Frank

> Seite 66–71

Freitag, 21. Juli 1944

Liebe Kitty,

nun werde ich hoffnungsvoll, nun endlich geht es gut. Ja wirklich, es geht gut! Tolle Berichte! Ein Mordanschlag auf Hitler ist ausgeübt und nun mal nicht durch jüdische Kommunisten oder englische Kapitalisten, sondern durch einen hochgermanischen deutschen General, der Graf und außerdem noch jung ist. Die göttliche Vorsehung hat dem Führer das Leben gerettet und er ist leider Gottes mit ein paar Schrammen und einigen Brandwunden davongekommen. Ein paar Offiziere und Generäle aus seiner nächsten Umgebung sind getötet oder verwundet worden. Der Haupttäter ist standrechtlich erschossen worden.

Überprüfe folgende Aussagen und entscheide, ob sie richtig (+) oder falsch (–) sind.

Anne Frank wurde vier Jahre vor Hitlers Machtantritt geboren.	
Annes Mutter war Jüdin.	
In den Niederlanden wurden Juden nicht verfolgt.	
Es war selbstverständlich für die Menschen, die Anne Frank und ihre Familie versteckt hielten, jüdischen Menschen zu helfen.	
Anne und ihre Familie versteckten sich im Hinterhaus der holländischen Firma ihres Vaters.	
Annes Familie versteckte sich mit 10 weiteren Menschen im Hinterhaus.	
Die Deutschen suchten über 6 Jahre nach der Familie.	
Das Tagebuch war für Anne wie eine Freundin und wurde von ihr Kitty genannt.	
Annes Familie wurde am 7. August 1944, nachdem ihr Versteck verraten worden war, von der Sicherheitspolizei verhaftet.	
Anne Frank starb im KZ Auschwitz.	
Anne Frank schrieb nur lustige Erinnerungen in das Tagebuch.	
Anne hatte keine Ahnung, wie es den Juden nach der Deportation durch die Deutschen erging.	
Die deutschen Besatzer verhafteten nur Straftäter.	
Unschuldige Geiseln wurden als Strafe für Sabotage verhaftet und ermordet.	
Anne war glücklich, Deutsche zu sein.	
Anne war über das aktuelle politische Geschehen gut informiert.	
Anne verlor nie den Mut.	

Die letzte Eintragung im Tagebuch ist vom 4. August 1944, 3 Tage, bevor das Versteck verraten wurde und alle versteckten Personen von der Sicherheitspolizei verhaftet und deportiert wurden. Anne Frank kam über das Vernichtungslager Auschwitz in das KZ Bergen-Belsen, wo sie wenige Wochen vor der Befreiung des Lagers an Typhus starb. Der genaue Zeitpunkt ihres Todes ist nicht bekannt. Wahrscheinlich ist Anne Frank zwischen Februar und März 1945 gestorben.

Hinweis: Das *Anne Frank Zentrum* in Berlin zeigt die Ausstellung „Anne Frank. hier und heute". Unter der Internetadresse des *Anne Frank Zentrums* www.annefrank.de findet ihr weitere Hinweise auf Anne-Frank-Ausstellungen in eurer Nähe oder andere empfehlenswerte Internetseiten.

12 Geflüsterte Kritik

> Seite 74–77

1. Das umgedichtete Kinderlied kritisiert die Einschränkung verschiedener Menschen- und Bürgerrechte durch die NSDAP. Erkläre, worüber in den einzelnen Strophen „gemeckert" wird.

Zehn kleine Meckerlein

1 Zehn kleine Meckerlein, die saßen einst beim Wein.
Der eine ahmte Goebbels nach, da waren es nur noch neun.

2 Neun kleine Meckerlein, die haben sich was gedacht.
Der eine hat es laut gedacht, da waren es nur noch acht.

3 Acht kleine Meckerlein, die hatten was geschrieben.
Bei einem ist es rausgekommen, da waren es nur noch sieben.

4 Sieben kleine Meckerlein, die fragte man: „Wie schmeckt's?"
Der eine sagte: „Schweinefraß!", da waren es nur noch sechs.

5 Sechs kleine Meckerlein, die trafen einen Pimpf[1].
Der eine sagte „Lausejung!", da waren es nur noch fünf.

6 Fünf kleine Meckerlein, die saßen am Klavier.
Der eine spielte Mendelssohn, da waren es nur noch vier.

7 Vier kleine Meckerlein, die sprachen über Ley[2].
Der eine sagte: „Der Kerl, der säuft", da waren es nur noch drei.

8 Drei kleine Meckerlein, die war'n in der Partei.
Der eine sagte: „Nix wie raus!", da waren's nur noch zwei.

9 Zwei kleine Meckerlein, die glaubten, es hört sie keiner.
Der eine hat 'nen Witz erzählt, da war es nur noch einer.

10 Ein kleines Meckerlein ließ diese Verse sehn.
Da sperrt man es in Dachau ein, und jetzt ... sind's wieder zehn.

[1]Mitglied des Jungvolkes [2]Robert Ley – Leiter des DAF

2. Interpretiere das Spottlied als Quelle.

13 Kriegspropaganda im Zweiten Weltkrieg

> Seite 80–95

1. Ordne die Propagandamaterialien in den Verlauf des Zweiten Weltkrieges ein.

2. Beschreibe Inhalt und Anliegen der Materialien.

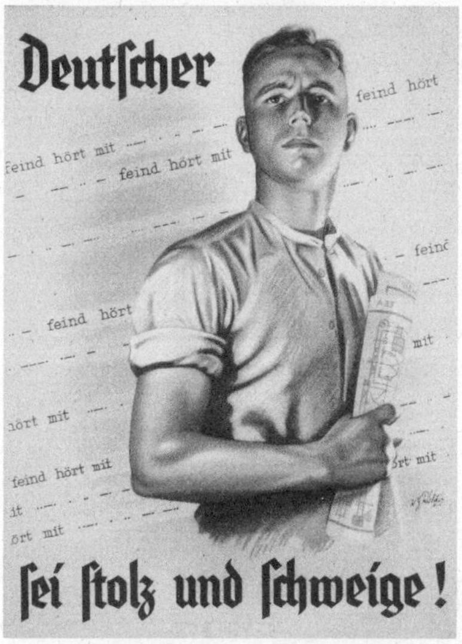

Flugzettel (um 1940)

Zeitliche Einordnung:

Inhalt/Anliegen:

Propagandapostkarte der NSDAP (August 1943)

Zeitliche Einordnung:

Inhalt/Anliegen:

Plakat (1940)

Zeitliche Einordnung:

Inhalt/Anliegen:

Interpretiere die Karikatur im geschichtlichen Zusammenhang.

Wie wurde die Karikatur benannt?

Karikatur des Briten David Low vom 20. September 1939.

Wer war der Zeichner/Karikaturist?

Aus welcher Zeit stammt die Karikatur?

Was genau ist auf der Karikatur abgebildet?

Welche Zeichen oder Symbole werden verwendet? Wofür könnten sie stehen?

Was stellte der Zeichner übertrieben dar?

Welches Ereignis oder welche Personen stellt der Karikaturist dar?

Zu welchem Zweck zeichnete der Karikaturist die Karikatur? Was wollte er aussagen?

Bewerte die Karikatur.

> Seite 91

Hiroshima

Der den Tod auf Hiroshima warf
Ging ins Kloster, läutet dort Glocken.
Der den Tod auf Hiroshima warf
Sprang vom Stuhl in die Schlinge, erwürgte sich.
Der den Tod auf Hiroshima warf
Fiel in Wahnsinn, wehrt Gespenster ab
Hunderttausend, die ihn angehen nächtlich
Auferstandene aus Staub für ihn.

Nichts von alledem ist wahr.
Erst vor kurzem sah ich ihn
Im Garten seines Hauses vor der Stadt.
Die Hecken waren noch jung und die Rosenbüsche zierlich.
Das wächst nicht so schnell, dass sich einer verbergen könnte
Im Wald des Vergessens. Gut zu sehen war
Das nackte Vorstadthaus, die junge Frau
Die neben ihm stand im Blumenkleid
Das kleine Mädchen an ihrer Hand
Der Knabe der auf seinem Rücken saß
Und über seinem Kopf die Peitsche schwang.
Sehr gut erkennbar war er selbst
Vierbeinig auf dem Grasplatz, das Gesicht
Verzerrt von Lachen, weil der Photograph
Hinter der Hecke stand, das Auge der Welt.

(Marie Luise Kaschnitz 1901–1947)

1. Informiere dich (z. B. im Lehrbuch, S. 91) zum Atombombenabwurf über Hiroshima.

2. Erkläre den Inhalt des Gedichtes. Begründe seine Zweiteilung.

3. Beurteile, inwiefern Gedichte und Denkmale Geschichte lebendig erhalten können.

Friedensdenkmal in Hiroshima

16 Die Geschwister Scholl und die „Weiße Rose“

> Seite 96

A

Setze die folgenden Begriffe in den Lückentext ein:

die Verbrechen des Hitlerregimes – Protest – fünf – Juni 1942 – Verpflichtung – nationalsozialistische – Vorbilder für Zivilcourage

Hinter dem Namen „Die Weiße Rose“ stehen ______________ Münchner Studierende und ihr Hochschulprofessor, die zwischen ____________________ und Februar 1943 in Flugblättern die deutsche Bevölkerung zum Widerstand gegen die ______________________________ Diktatur aufriefen. Mit ihrem öffentlichen ________________ wählten sie den unbequemen Weg: Statt wie die Mehrheit der Deutschen zu schweigen, nannten die jungen Menschen mutig ____ beim Namen. Mehr noch: In ihren Augen machte sich mitschuldig, wer nicht gegen das bestehende Unrecht aufbegehrte. Insofern war Handeln für sie eine ____________________________, die sie selbst unter hohem persönlichen Risiko eingingen. Damit gelten die Mitglieder der „Weißen Rose“ nach wie vor als ______________________________________ – nicht nur im politischen, sondern auch im alltäglichen Leben.

B

Sophie Scholl – Die letzten Tage ist ein deutscher Film des Regisseurs Marc Rothemund aus dem Jahr 2005. Er schildert die letzten Tage im Leben von Sophie Scholl. Der Film wurde auf der Berlinale 2005 mit dem Silbernen Bären für die beste Regie und für die beste Hauptdarstellerin (Julia Jentsch) ausgezeichnet.

Begründe, warum 2005 ein Film zu diesem Thema in deutschen Kinos gezeigt wurde.

____

____

____

____

____

____

____

____

____

____

____

____

____

17 Ergebnisse des Zweiten Weltkrieges

> Seite 109; 122

Ordne die folgenden Begriffe, Stichworte und Wortgruppen in die Übersicht ein:

- Potsdamer Konferenz
- Welt ohne Krieg
- riesige Verluste (27 Mio. Menschen) und Zerstörungen, aber Weltmacht Nr. 2
- Kriegsverbrecherprozesse
- ökonomischer Wiederaufbau
- USA – ökonomisch und militärisch Weltmacht Nr. 1
- Sozialismus
- vernichtende militärische Niederlage
- Verlust der Führungsrolle von GB
- demokratische Entwicklung
- Frankreich und Großbritannien als Kolonialmächte geschwächt
- Weltherrschaftspläne gescheitert
- Ausweitung des Machtbereiches in Europa und Asien
- Weltweite politisch-moralische Verurteilung
- Gründung der UN
- Lehren aus der Zeit des Nationalsozialismus

Westmächte	Deutschland/Japan	UdSSR

Erwartungen der Völker:

____

____

____

____

Schlussfolgerungen: ______________________________

____

____

Mein Großvater und ich

An einem Nachmittag im April 1994 setzt sich mein Großvater Wilhelm Roes an eine Schreibmaschine. „Grau, kalt, windig, so ist der Märztag 1943 in Russland, genauer gesagt in der Ukraine westlich von Charkow", beginnen seine Erinnerungen. „Bei 40 Grad minus haben wir den ganzen Tag, und auch noch die halbe Nacht, auf einem offenen Lkw gehockt. Wir sind wieder auf dem Vormarsch!"

Er schreibt eine halbe Seite, bis er erklärt, was ihn bewogen hat, seine Geschichte festzuhalten: „Mit fast 69 Jahren sitze ich in meinem Hobbykeller und versuche im Ein-Finger-System, mir meine Erinnerungen, die nicht weichen wollen, von der Seele zu schreiben." Er verfasst eine weitere Seite. Die Erinnerungen wühlen ihn auf, sie drängen geballt aus ihm heraus, so überwältigend und plötzlich, dass er sich bald außerstande sieht, sie aufzuschreiben. Er bricht ab; inmitten seiner Aufzeichnungen, die er gerade erst begonnen hat.

Ich bin 18 Jahre alt, als ich die Zeilen meines Großvaters kurz nach seiner Niederschrift lese. Mit der Thematik Nationalsozialismus und Zweiter Weltkrieg habe ich mich bis zu diesem Zeitpunkt kaum auseinandergesetzt. Mein Geschichtslehrer hat sich während meiner gymnasialen Schullaufbahn dem Thema verweigert und es nur kurz und oberflächlich behandelt. Die Familie schweigt sich seit Jahren über die NS-Vergangenheit des Vaters aus, ein typischer Konflikt zwischen Kriegs- und Nachkriegsgeneration.

Jörn Roes unter: http://kriegsende.ard.de/pages_std_lib/0,3275,OID1125636,00.html

Informiere dich über „Russland" im Jahr 1943.

Stelle Vermutungen über die Erinnerung an, „die nicht weichen wollen".

Welche Erfahrungen, Gedanken und Gefühle könnten Wilhelm Roes zu dieser Reaktion veranlasst haben?

Beurteile die Haltung des Geschichtslehrers von Jörn Roes.

Beschreibe den „typischen Konflikt" zwischen Kriegs- und Nachkriegsgeneration.

19 Briefmarken erinnern

Viele Briefmarken gedenken wichtiger Ereignisse und Personen der Geschichte. Die folgenden Briefmarken haben Themen zum Inhalt, die du aus deinem Geschichtsbuch kennst.

1. Notiere, woran die Briefmarken erinnern.
2. Nenne das Land, das die Marke herausgegeben hat (Bundesrepublik Deutschland, Deutsche Demokratische Republik (DDR), West-Berlin) und das Erscheinungsjahr.

Wikipedia – ein modernes Medium im World Wide Web

> Seite 110–119

1. Untersuche die Homepage http://de.wikipedia.org/wiki/Wikipedia:Über_Wikipedia und erkläre, was sich hinter Wikipedia verbirgt.

2. Notiere die Vorteile von Wikipedia.

3. Benenne einzelne Bestandteile des Internetportals bzw. der Artikel von Wikipedia.

4. Auf dem Notizzettel sind einige Stichwörter aufgelistet. Schlage die entsprechenden Artikel zu den Stichwörtern in Wikipedia nach und beschreibe, welche Anmerkungen in den Diskussionen gemacht werden.

Judenfeindlichkeit
Holocaust
Zeitzeuge
Ludwig Schneider
Gabriel Bach

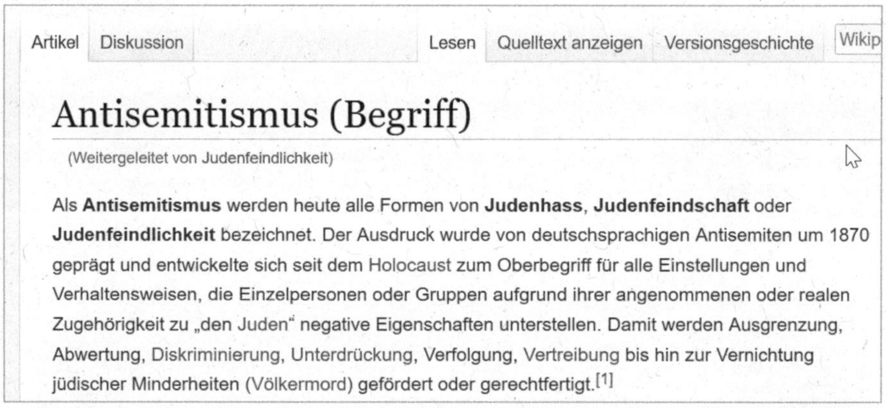

Artikel | Diskussion | Lesen | Quelltext anzeigen | Versionsgeschichte | Wikip

Antisemitismus (Begriff)

(Weitergeleitet von Judenfeindlichkeit)

Als **Antisemitismus** werden heute alle Formen von **Judenhass**, **Judenfeindschaft** oder **Judenfeindlichkeit** bezeichnet. Der Ausdruck wurde von deutschsprachigen Antisemiten um 1870 geprägt und entwickelte sich seit dem Holocaust zum Oberbegriff für alle Einstellungen und Verhaltensweisen, die Einzelpersonen oder Gruppen aufgrund ihrer angenommenen oder realen Zugehörigkeit zu „den Juden“ negative Eigenschaften unterstellen. Damit werden Ausgrenzung, Abwertung, Diskriminierung, Unterdrückung, Verfolgung, Vertreibung bis hin zur Vernichtung jüdischer Minderheiten (Völkermord) gefördert oder gerechtfertigt.[1]

5. Nenne die Nachteile von Wikipedia.

6. Verfasse eine Rezension zum Internetportal Wikipedia und schreibe sie in dein Heft. Orientiere dich dabei an den in deinem Geschichtsbuch auf Seite 118 formulierten Arbeitsschritten.

A

Deutschland nach 1945

Deutschland wurde nach 1945 in viele Teile aufgesplittert.

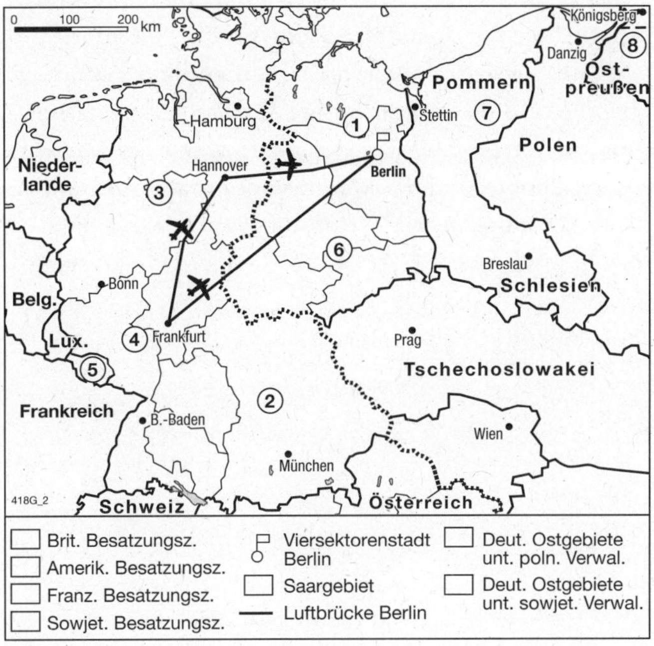

1. Fülle die nebenstehenden Leerzeilen nach der Karte in deinem Geschichtsbuch aus.
2. Färbe Karte und Legende mit Farben deiner Wahl ein.

① ______________________________

② ______________________________

③ ______________________________

④ ______________________________

⑤ ______________________________

⑥ ______________________________

⑦ ______________________________

____

⑧ ______________________________

____

B

Berlin nach 1945

1. Färbe die vier Flaggen richtig ein und fülle den Lückentext aus.
2. Färbe auch die Sektoren unterschiedlich ein.
3. Zeichne die Berliner Mauer schwarz ein.

Den östlichen Sektor der Stadt verwalteten die ______________, den nordwestlichen die ______________, den südwestlichen die ______________ und den mittleren die ______________. Das Brandenburger Tor gehörte von nun an zum ______________ Berlins. Zwischen dem Ostsektor und den Westsektoren der Stadt wurde 1961 die ______________ errichtet.

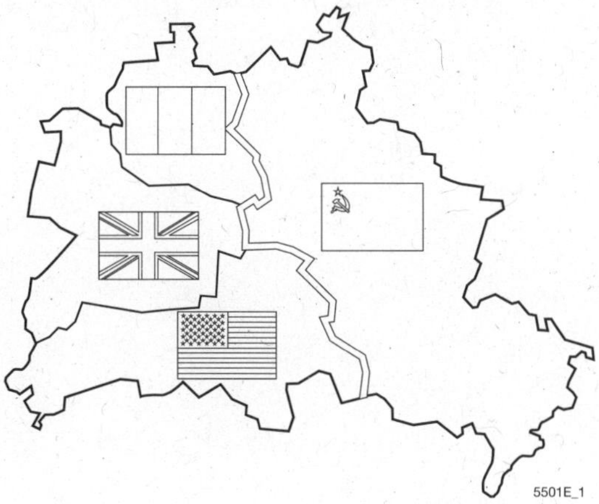

Wir analysieren eine Karikatur

Vier Soldaten in unterschiedlichen Uniformen sind dargestellt. Wen symbolisieren sie?

____

Jeder hält ein Stück Land. Was symbolisieren diese Stücke? (Beachte die Städtenamen.)

____

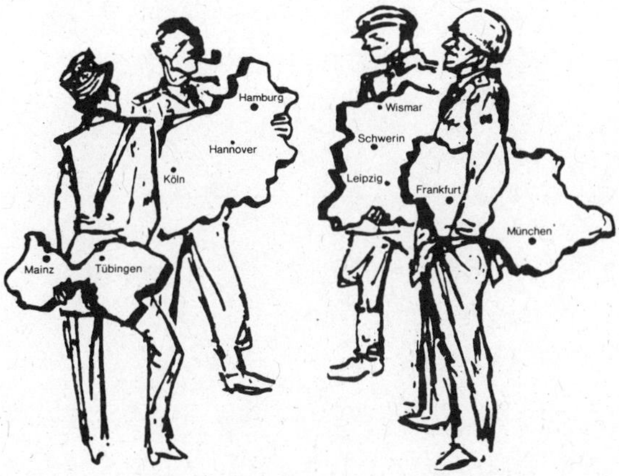

22 Die Entnazifizierung Deutschlands

> Seite 123

1. Analysiere die Quelle und erkläre, wie die darin geäußerten Absichten der Alliierten nach Kriegsende umgesetzt worden sind.

In der gemeinsamen Erklärung der Konferenz von Jalta vom 12.2.1945 heißt es:

Es ist unser unbeugsamer Wille, den deutschen Militarismus und Nationalsozialismus zu zerstören und dafür Sorge zu tragen, dass Deutschland nie wieder imstande ist, den Weltfrieden zu stören. Wir sind entschlossen ... alle Kriegsverbrecher vor Gericht zu bringen und einer schnellen Bestrafung zuzuführen ... Partei, die nationalsozialistischen Gesetze, Organisationen und Einrichtungen zu beseitigen, alle nationalsozialistischen und militärischen Einflüsse aus den öffentlichen Dienststellen sowie dem kulturellen und wirtschaftlichen Leben des deutschen Volkes auszuschalten und in Übereinstimmung miteinander solche Maßnahmen in Deutschland zu ergreifen, die für den zukünftigen Frieden und die Sicherheit der Welt notwendig sind. Es ist nicht unsere Absicht, das deutsche Volk zu vernichten; aber nur dann, wenn der Nationalsozialismus und der Militarismus ausgerottet sind, wird für die Deutschen Hoffnung auf ein würdiges Leben und einen Platz in der Völkergemeinschaft bestehen.

Gemeinsame Erklärung Churchills, Roosevelts und Stalins in Jalta; in: Rönnefarth, H.; Euler, H.: Konferenzen und Verträge Teil II, 4. Band: Neueste Zeit 1914. Würzburg 1959. S. 246.

westliche Besatzungszonen	sowjetische Besatzungszone

2. Erkläre den Begriff „Entnazifizierung".

3. Interpretiere die Karikaturen und vergleiche die Grundaussagen der Karikaturen.

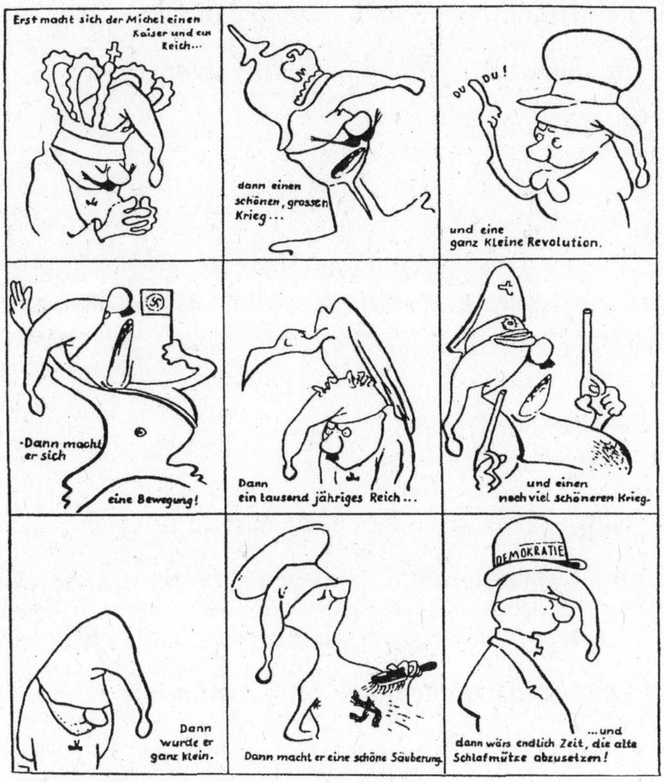

Deutsche Kurzgeschichte, 1947

Vergangenheitsbewältigung, 2002

24 Westintegration und Ostintegration im Vergleich

> Seite 130/131 und 142/143

1. Erstelle aus den Textbausteinen eine Definition für den Begriff „Integration".

Ländern – Das – bezeichnet – zwei – Integration – Herstellung – Wort – der – Politik – oder – in – der – Einheit – (deutsch: Herstellung eines Ganzen) – politischen – von – Wirtschaft – und – mehreren – wirtschaftlichen – und/oder – die

____

____

____

2. Die zwei deutschen Staaten integrieren sich in zwei unterschiedliche Systeme.
Setze die folgenden Begriffe in den Lückentext ein:

1955 – RGW-Staaten – UdSSR – Entmilitarisierung – Warschauer Pakt – Bedingungen – politischen – Europäischen Wirtschaftsgemeinschaft – Nationalen Volksarmee – ehemaligen – nach Westen – militärischen – Siegermächten – Bundeswehr – Kalten Krieg – 01. Juli 1990 – 1956 – nach Osten – wirtschaftlichen – NATO – USA und Frankreich – Militärbündnis

Das Jahr __________ markierte den Abschluss der ________________, ________________ und ____________________ Integration beider deutscher Staaten in die jeweiligen Blöcke. Die schon Ende der 1940er-Jahre einsetzende Ausrichtung der Wirtschaft der Bundesrepublik Deutschland ________________ und der Deutschen Demokratischen Republik ________________ wurde weiter fortgesetzt. Während die DDR-Regierung den wirtschaftlichen Austausch mit den ________________ verstärkte, strebte die Bundesrepublik mit der ________________________________ (EWG) die Bildung eines gemeinsamen Marktes an.

Trotz des von den ____________________ auf der Potsdamer Konferenz gefassten Beschlusses zur vollständigen ________________________ Deutschlands kam es im Zuge des Kalten Krieges schon bald zur Wiederbewaffnung. Mit der __________________ in der BRD und der ________________________ (NVA) in der DDR wurden __________ zwei deutsche Armeen gegründet. Die besondere Situation der beiden deutschen Staaten im __________________ kam darin zum Ausdruck, dass die offizielle Gründung der Streitkräfte erst nach ihrem Beitritt zur __________ bzw. zum ____________________ erfolgte.

Wichtige Partner für die Bundesrepublik Deutschland waren die ____________________, während sich die DDR hauptsächlich an der ____________ und den anderen sozialistischen Staaten orientierte.

Während sich der Warschauer Pakt unter den veränderten internationalen ________________ am __________________ auflöste, existiert die NATO als Bündnis weiter. Viele der ________________ Warschauer-Pakt-Staaten traten nach und nach der NATO bei. Bis heute sind 28 Staaten Mitglied in diesem ________________.

Westintegration und Ostintegration im Vergleich

> Seite 130/131 und 142/143

3. Ordne den Fahnen die entsprechenden Ländernamen zu.

F ______
R ______
I ______
E ______
D ______
E ______
N ______

F: weiß, grün, rot — R: rot, weiß, grün — I: schwarz, rot, gelb — E: weiß, rot
D: blau, gelb, rot — E: weiß, rot — N: blau, weiß, rot

① ______
② ______
③ ______

④ ______
⑤ ______
⑥ ______
⑦ ______
⑧ ______
⑨ ______
⑩ ______
⑪ Island
⑫ Italien
⑬ Luxemburg
⑭ Niederlande
⑮ ______
⑯ ______
⑰ ______
⑱ ______
⑲ ______

4. Für starke Kombinierer:
Begründe, aus welcher Zeit das NATO-Symbol ist.

> Seite 132/133

Ordne die folgenden Informationen über das Lebensgefühl in den Fünfzigerjahren den jeweiligen Bildern zu:

Sportliche Erfolge brachten neues Selbstbewusstsein. 1954 gewann die Bundesrepublik Deutschland die Fußballweltmeisterschaft. Es ist die Rede vom „Wunder in Bern“.

Rhythmus, Hüftschwung und Schlager: „Rock'n Roll“ wurde zum Tanzstil der Jugend.

Auf die deutschen Straßen kam allmählich wieder Bewegung. „In“ waren Motorroller. Die kamen vor allem aus Italien. Stolz war, wer einen Kleinstwagen besaß.

Der Kinobesuch gehörte zu den häufigsten Freizeitbeschäftigungen. Sehr beliebt waren Heimatfilme mit grünen Wiesen und viel Gefühl. Sie spiegelten die Sehnsucht nach einer heilen Welt wider.

Die Mode war bunt und verspielt. Die Damen trugen Petticoat oder Caprihose; es gab die ersten Jeans.

Die Soziale Marktwirtschaft war in Verbindung mit der Währungsreform und dem Marshallplan Voraussetzung für einen wirtschaftlichen Wiederaufstieg, der schon Mitte der Fünfzigerjahre als „Wirtschaftswunder“ bezeichnet wurde.

Gegen das Vergessen – schreckliche Erinnerungen an die Stasi-Haft

> Seite 138/139

Bei einem Besuch im ehemaligen Stasigefängnis Bautzen II werden in Siegfried Schlegel aus Hof schreckliche Erinnerungen an seine eigene Haftzeit in Berlin-Hohenschönhausen und Waldheim wach.

Der ehemalige Chef der Hofer Commerzbank saß jahrelang selbst als politischer Häftling in Stasigefängnissen und hat die subtile Grausamkeit und Menschenverachtung dort hautnah erlebt.

Heute liegt dem 85-jährigen Zeitzeugen sehr viel daran, dass dieses Unrecht in der DDR nicht vergessen oder verharmlost wird. „Das ist mein einziges Anliegen", sagt er auf einer Studienfahrt der Volkshochschule (VHS) Hof nach Bautzen und Görlitz. „Wir müssen die Menschen wachrütteln, dass unser System, auch wenn es viele kleine und große Fehler hat, besser ist als jede Diktatur." ...

Im September 1953 wird er nach einem Verrat verhaftet. Der damals 29-Jährige hatte mit Freunden seine Flucht in den Westen vorbereitet und Kontakt mit der Organisation Gehlen, dem Vorläufer des Bundesnachrichtendienstes, aufgenommen. Der junge Mann landet in einer Isolationszelle des Leipziger Stasi-Gefängnisses. Während der nächsten Wochen sieht er keinen einzigen Menschen – das Essen wird ihm unter der Tür durchgeschoben. Tag und Nacht hört er das aggressive Bellen großer, scharf gemachter Hunde vor seiner Baracke.

Eines Nachts wird er in das berüchtigte Stasi-Gefängnis Berlin-Hohenschönhausen gebracht. Seine Zelle liegt unter der Erde, die Wände sind von oben bis unten mit Blut verschmiert. Schlegel weiß nicht, wo er sich befindet. Auch seine Angehörigen bleiben ein halbes Jahr lang in bedrückender Ungewissheit über sein Schicksal. Wie in Bautzen arbeitet auch das Personal in Hohenschönhausen mit psychischem Druck: Nach monatelanger Isolationshaft droht ein Vernehmer Schlegel damit, seine Mutter zu inhaftieren und sie „ebenfalls hierher zu bringen", falls er nicht die Namen derer nenne, die für die Organisation Gehlen arbeiten. Schlegel schweigt. ...

Folterkammern fehlen. Die Gewalt des Staatssicherheitsapparates ist subtil. Nachts wird alle fünf, spätestens alle dreißig Minuten kontrolliert, „ob der Gefangene auch auf dem Rücken und mit dem Gesicht zur Tür auf seiner Pritsche liegt". Folter durch Schlafentzug. Und Schikane: Der Lichtschalter für die Zelle auf dem Flur kann nur vom Wachpersonal bedient werden. Nachts bleibt das Licht grundsätzlich an. Die Ein-Mann-Zellen sind doppelt und dreifach belegt; einer ist immer ein Spitzel. Die dürfen in Bautzen öfter fernsehen als die anderen, bekommen Zigaretten oder Kuchen. Manchmal kommen auch „ganz normale" Gefangene in den Genuss dieser Vergünstigungen ... Die Folge: Die anderen Häftlinge verdächtigen sie sofort als Spitzel. Keiner kann dem anderen mehr trauen.

http://www.frankenpost.de/nachrichten/regional/laenderspiegel/art2388,993714 (Stand: 07.04.2009)

1. Warum stellt sich der heute 85-Jährige als Zeitzeuge zur Verfügung?

2. Aus welchem Grund wurde Siegfried Schlegel verhaftet?

3. Welche Erinnerungen verbindet Siegfried Schlegel mit der Zeit seiner Inhaftierung?

28 Der Volksaufstand am 17. Juni 1953

> Seite 140/141

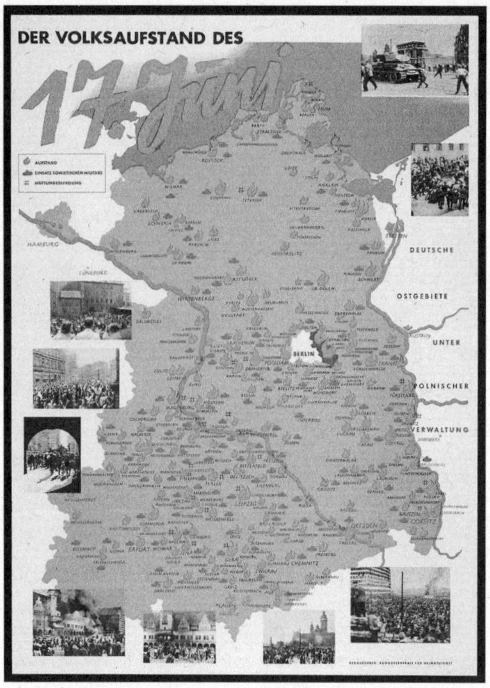

1. Begründe, in welchem Teil Deutschlands dieses Plakat entstanden ist.

2. Erkläre, warum es Zentren des Aufstandes gab, die stärker von den Unruhen betroffen waren.

Am 23. Juni 1953 fand für die Opfer des Aufstandes im Westteil Berlins eine Trauerkundgebung statt. Auf dieser Kundgebung sprach u. a. der Bundesminister für gesamtdeutsche Fragen, Jakob Kaiser.

Wir Deutsche haben lernen müssen: Gewaltherrschaft kann nur durch Opfer überwunden werden. Die Toten hier vor uns und alle jene, die in diesem Juni-Aufstand in Ost-Berlin und in der Sowjetzone sterben mussten, haben das Opfer ihres Lebens für Deutschland gebracht. Diese Toten sind Blutzeugen dafür, dass das System der Gewalt den Willen zu Freiheit und zu Menschenwürde nicht auslöschen, nicht vernichten kann. Der 16. und der 17. Juni waren der Aufstand des Menschen gegen ein Diktatsystem ohne Menschlichkeit, es war der Aufstand gegen die Unnatur, ein Volk zu zerreißen, es war der Aufstand gegen den Wahn, 18 Millionen ein fremdes und menschenunwürdiges System aufzwingen zu wollen. Dass dieser Aufstand erfolgte trotz Waffenlosigkeit auf der einen und trotz Panzer und Maschinengewehre auf der anderen Seite, zeugt für die abgrundtiefe Abneigung gegen das aufgezwungene System.

http://www.17juni53.de/material/bpb/doku009.html
(Stand: 28.05.2009)

3. Nenne Argumente, mit denen Jakob Kaiser die DDR als eine Diktatur charakterisiert:

29 Die Sicherung der DDR-Grenze zur Bundesrepublik

> Seite 144

Wir prüfen eine These.
Die These lautet: Nach dem Bau der Mauer in Berlin und dem Ausbau der „Staatsgrenze West“ gab es für einen Bürger der DDR kaum noch eine Chance, in den anderen Teil Deutschlands zu gelangen.

Wir prüfen diese These mithilfe der Abbildung unten: Sie zeigt das Sperrsystem von Westen.
Wir wollen uns diesem System von Osten, aus dem Innern der DDR nähern. Was wir nicht erkennen können: Vor dem Beginn der Anlagen liegt noch eine Sperrzone von 5 km Breite, in der ein Aufenthalt nur mit besonderer Genehmigung erlaubt war.

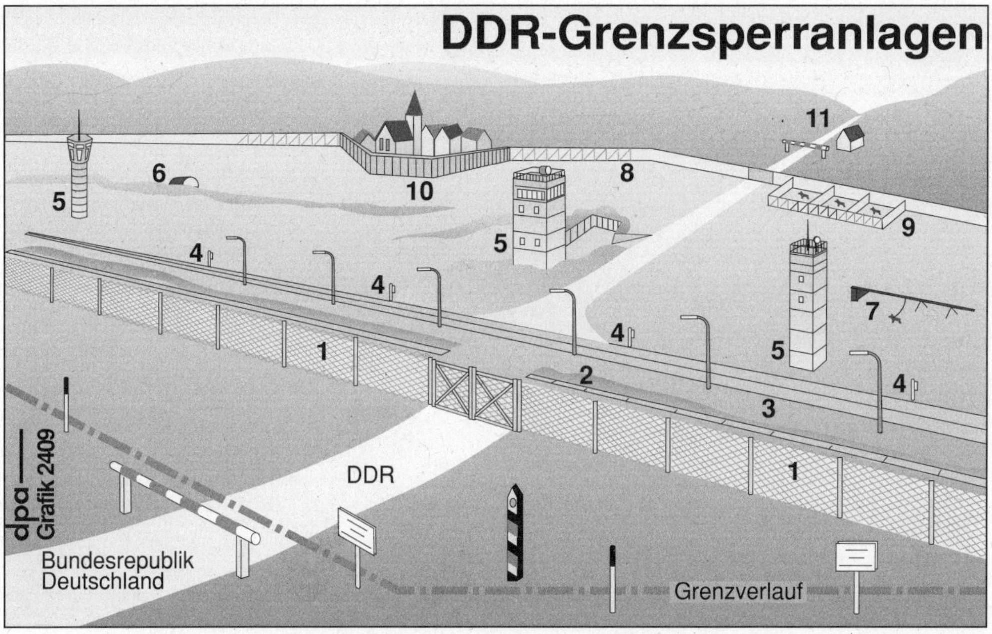

1 Metallgitterzaun (ca. 3,20 m hoch)
2 Kfz-Sperrgraben (mit Betonplatten befestigt)
3 Spurensicherungsstreifen
4 Anschluss-Säule für das erdverkabelte Grenzmeldenetz (Telefonverbindung)
5 Beobachtungstürme aus Beton
6 Beobachtungsbunker
7 Hundelaufanlage
8 Zaun mit elektronischen und akustischen Signalanlagen
9 Hundefreilaufanlage
10 Betonsperrmauer/ Sichtblende
11 Kontrollpassierpunkt zur Sperrzone

1. Unser Bürger hat dennoch die Sperrzone hinter sich gebracht. Welche Hindernisse stellen sich ihm zuerst in den Weg?

____

____

2. Wodurch könnte er auf den nächsten 500 m bis zum Sperrzaun entdeckt werden?

____

____

3. Angenommen, er hätte den Kontrollpunkt (11) mit dem PKW durchbrochen und sich in schneller Fahrt dem Sperrzaun genähert. Wo wäre er gescheitert?

____

4. Er hat das eigentliche Hindernis, den Sperrzaun, trotzdem erreicht. In welcher Form findet er ihn vor?

____

____

5. Er überwindet auch noch dieses Hindernis. Hat er sein Ziel, den Westen, erreicht?

____

____

6. Was glaubst du: Kannst du der These zustimmen?

____

Der Ölpreisschock

> Seite 150/151

1. Fertige ein Diagramm zur Entwicklung des Ölpreises von 1970 bis 2008.

Jahr	Ölpreis $ pro Barrel
1970	1,6
1974	10,7
1979	17,2
1981	32,5
1983	29
1986	13,5
1990	22,2
1994	15,5
1996	20,2
1998	12,2
2001	23,1
2003	28,1
2005	50,6
2008	105,1

2. Interpretiere dein Diagramm.

3. Nenne die Auswirkungen der Ölkrise der Siebzigerjahre für die Bundesrepublik Deutschland.

4. Benenne alternative Energiequellen, um vom Öl unabhängiger zu werden.

31 Die Bundeskanzler der Bundesrepublik Deutschland von 1949 bis 1998

> Seite 128–133 und 146–155

Ordne jedem Foto einen Namen zu. Grenze die Regierungszeit der jeweiligen Bundeskanzler ein und nenne deren Parteizugehörigkeit. Leite aus den Diagrammen die entsprechenden Regierungskoalitionen ab. Formuliere wichtige Inhalte der politischen Arbeit der jeweiligen Kanzler.

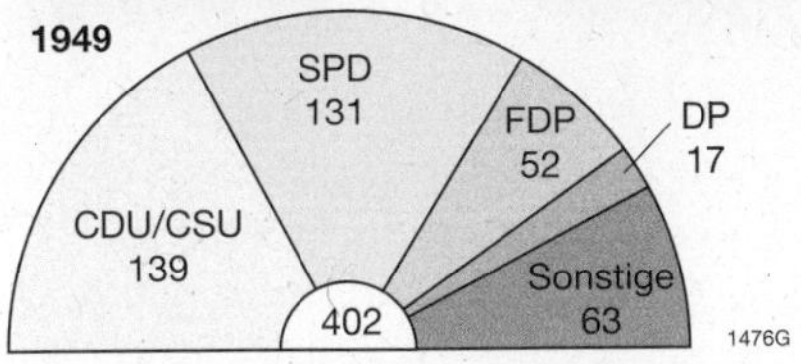

Name: ____________________

Regierungszeit: ____________________

Parteizugehörigkeit: ____________________

Koalition: ____________________

Inhalte der Politik:

____

____

____

____

____

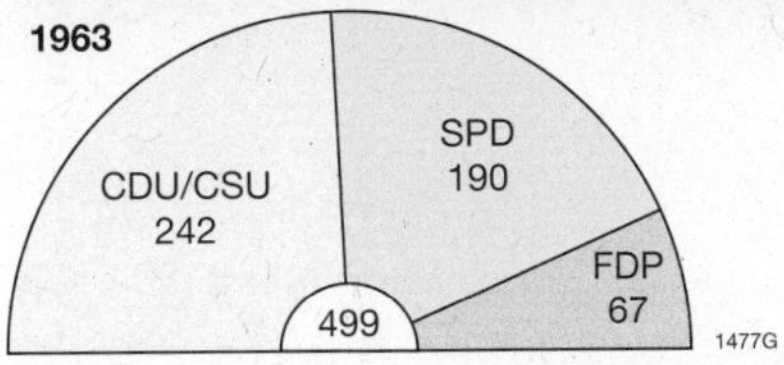

Name: ____________________

Regierungszeit: ____________________

Parteizugehörigkeit: ____________________

Koalition: ____________________

Inhalte der Politik:

____

____

____

____

____

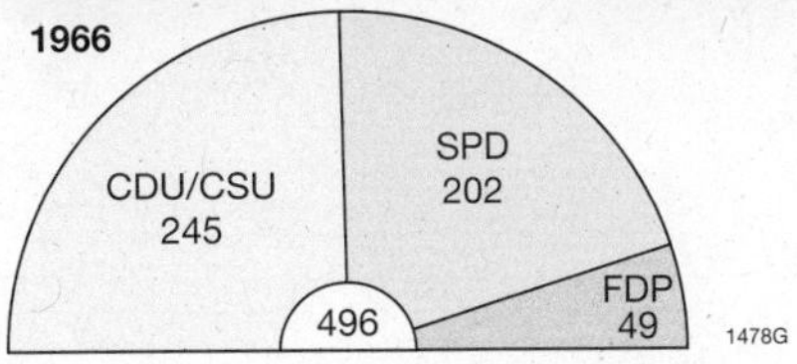

Name: ____________________

Regierungszeit: ____________________

Parteizugehörigkeit: ____________________

Koalition: ____________________

Inhalte der Politik:

____

____

____

____

____

32 Die Bundeskanzler der Bundesrepublik Deutschland von 1949 bis 1998

> Seite 128–133 und 146–155

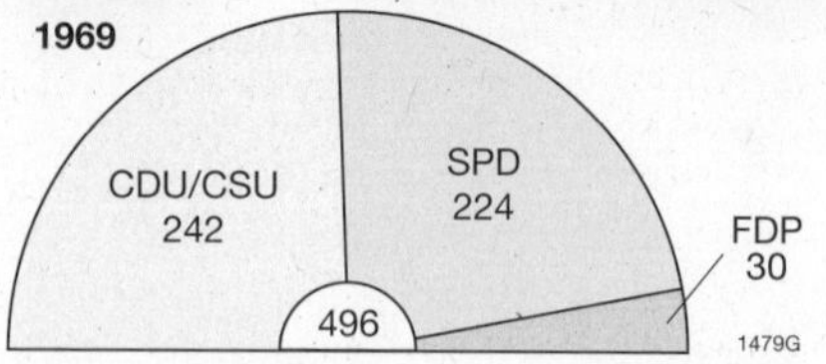

Name:

Regierungszeit:

Parteizugehörigkeit:

Koalition:

Inhalte der Politik:

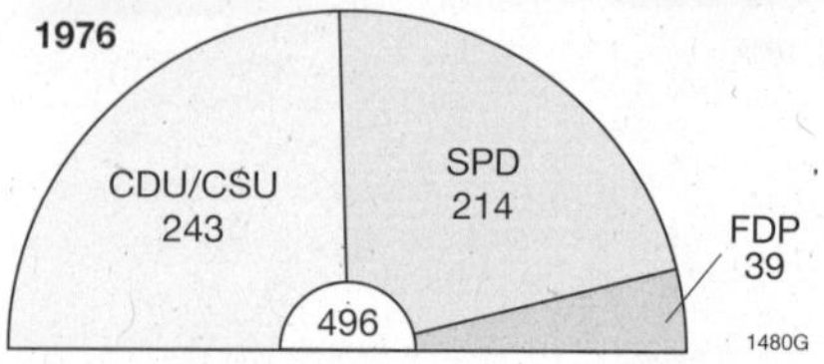

Name:

Regierungszeit:

Parteizugehörigkeit:

Koalition:

Inhalte der Politik:

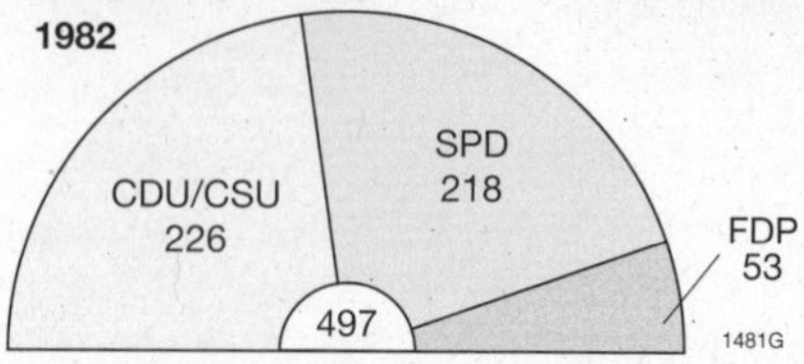

Name:

Regierungszeit:

Parteizugehörigkeit:

Koalition:

Inhalte der Politik:

Das Schulsystem der DDR im Vergleich mit dem Schulsystem Sachsen-Anhalts

Lies das Material zum Schulsystem in der DDR und fülle anschließend die untenstehende Tabelle aus. Befrage auch deine Eltern als Zeitzeugen (siehe S. 226 im Lehrbuch).

Das Schulsystem der DDR

Alle Kinder besuchten bis zur zehnten Klasse eine Einheitsschule. Diese Polytechnische Oberschule (POS) war stark naturwissenschaftlich-technisch ausgerichtet. Der sogenannte polytechnische Unterricht sollte die Schülerinnen und Schüler mit der „sozialistischen Produktion" vertraut machen.

Nach Abschluss der zehnklassigen POS war es möglich, an den Erweiterten Oberschulen (EOS) das Abitur abzulegen. Die Aufnahme an eine solche EOS war abhängig von den schulischen Leistungen, der politischen Einstellung sowie der Herkunft der Eltern und dem späteren Berufswunsch.

Auch auf die Freizeitgestaltung der Jugendlichen versuchte der Staat Einfluss zu nehmen. Über 90 Prozent aller Kinder gehörten einer der staatlichen Kinder- oder Jugendorganisationen an: den „Jungpionieren" für die Schülerinnen und Schüler der 1. bis zur 3. Klasse, den „Thälmannpionieren" für Schülerinnen und Schüler von der 4. bis zur 7. Klasse und der FDJ (Freie Deutsche Jugend) für Schülerinnen und Schüler ab der 8. Klasse. Wer keiner der staatlichen Jugendorganisationen angehörte, hatte Nachteile beim Zugang zu weiterführenden Bildungseinrichtungen.

Vergleichskriterium	Schulsystem der DDR	Schulsystem Sachsen-Anhalts
Schulstruktur		
Ausrichtung des Unterrichts		
Bedingungen für Erlangung der Hochschulreife (Abitur)		
Freizeitgestaltung		

34 Die Deutsche Demokratische Republik 1949–1990

> Seite 134–145; 156–165

Löse als Zusammenfassung zur Geschichte der DDR das folgende Kreuzworträtsel.
Das Lösungswort ist für dieses sehr umfangreiche Rätsel bereits vorgegeben.
(Umlaute werden als Umlaute geschrieben)

berühmtes Bauwerk in Berlin, Symbol der deutschen Teilung (2 Wörter)	D
Kriegsfolge, die die sowjetische Besatzungszone besonders betraf	E
Politiker aus den Anfangsjahren der DDR, wurde von Erich Honecker abgelöst	U
erste sozialistische Planstadt der DDR	T
Bezeichnung für verstaatlichte Betriebe in der DDR (2 Wörter)	S
von der SED gelenkte Jugendorganisation (3 Wörter)	C
symbolische Bezeichnung für die Trennlinie der Systeme (2 Wörter)	H
zwangsweiser Zusammenschluss der Bauern	E
zentraler Platz in Ostberlin mit Weltzeituhr	D
Kinderorganisation der DDR	E
andere Bezeichnung für das Berlinabkommen von 1971	M
Bezeichnung für Verbände mit hoher Mitgliederzahl in der DDR	O
Bezeichnung für die Streitkräfte der DDR (2 Wörter)	K
Besuchsregelung für bestimmte Grenzgebiete (2 Wörter)	R
Berliner Bauwerk aus dem Jahr 1961	A
militärisches Bündnis der DDR mit anderen sozialistischen Staaten	T
Staat, an dem sich die DDR orientierte (Bruderstaat)	I
Nachbarland, gegen das 1968 Truppen der DDR eingesetzt wurden	S
Hafenstadt der DDR	C
wichtige Übergangsstelle zur DDR (2 Ortsnamen)	H
Abkürzung der herrschenden Partei der DDR	E
im Luftkrieg 1945 besonders stark zerstörte Stadt an der Elbe	R
Bezeichnung der DDR für das unerlaubte Verlassen des Staatsgebietes	E
Instanz der SED mit Weisungsrechten für Partei und Staat	P
Vorgang am 17. Juni 1953 in der DDR	U
Hauptstadt der ehemaligen DDR, heute gesamtdeutsche Hauptstadt	B
auch in der DDR ausgeübte Verherrlichung eines Sowjetführers	L
Stadt, in der die Montagsdemonstrationen begannen	I
DDR-Politiker, nach dem eine „Ära“ benannt ist	K

> Seite 166/167

Für oder gegen die Einheit?

Bei den Montagsdemonstrationen in Leipzig tauchten nach dem 9. Oktober 1989 erst vereinzelt, dann immer häufiger Transparente auf. Dabei mehrten sich die Losungen, die zu einer möglichen Wiedervereinigung Stellung nahmen. Hier ist eine Auswahl solcher Texte. Sie wurden auf der Montagsdemonstration am 11. Dezember 1989 gezeigt.
Ordne die Losungen den folgenden vier Überschriften zu:

Keine Experimente, SED und Sozialismus sind am Ende. Wir sind ein Volk! – Ohne SED in die Zukunft! – SED weg! – Meinungsfreiheit auch für Gegner der Wiedervereinigung! – Gib der Zukunft ein Zuhause: DDR! – Erneuerte DDR: ökologisch, demokratisch, sozial – Wende ja, aber nicht nach rechts! –Wider Vereinigung! – Einheit Deutschlands = Hoffnung für das Volk = letzte Chance für die Wirtschaft! – Sozialismus? Nein danke! – Demokratie = Freie Wahlen = Volksentscheid zur Einheit! – Lieber unser Land gereinigt als morgen wieder-vereinigt! – Gewaltfrei und sachlich für eigenen Weg! – SED auflösen, Deutschland vereinen! – Wir müssen jetzt alle fragen: Volksentscheid! – Patrioten für Deutschland: Volksentscheid! – Lieber Kohl als nichts zu essen! – Lieber Kohl-Plantage als sozialistische Versuchsfarm! – Keine Experimente: deutsche Einheit! – Demonstration bis zur Einheit der Nation!

Transparente für die Einheit

Transparente gegen die Einheit

Transparente für eine bessere DDR

Transparente für einen Volksentscheid

> Seite 184–187

Über das Kriegsende und die Besatzung der Stadt Köthen veröffentlichte der Historiker Alexander Sperk 2005 einen Aufsatz:

In den letzten Kriegstagen prägten tausende Flüchtlinge, Evakuierte, Vertriebene, Soldaten oder Zwangsarbeiter das Stadtbild. Der Ort war mit etwa 52.000 bis 54.000 Menschen überbelegt; …
Die Ernährungslage war katastrophal. Handel und Versorgung funktionierten nicht mehr; die meisten Betriebe hatten aufgehört zu produzieren. Vereinzelt kam es zu Plünderungen. Die Köthener sehnten wie die Mehrzahl der Deutschen das Ende des Krieges herbei, blickten jedoch in eine ungewisse Zukunft.
Wer würde den Ort zuerst erreichen: die von Westen anrückenden Amerikaner, was die Masse der Bevölkerung erhoffte, oder die von Osten kommenden Soldaten der Roten Armee, bei denen die Einwohner die Rache der „Untermenschen" fürchteten.
Es waren die Amerikaner. … Am Sonntag, den 15. April gegen 10 Uhr erreichte ein Vorpostenkommando mit einem englischen (!) Offizier sowie vier Soldaten das Köthener Rathaus und verlangte den Oberbürgermeister zu sprechen, um von diesem die Übergabe der Stadt zu fordern. Dr. Georg Krafft, …, und andere Mitglieder des Magistrats waren nicht anwesend. Der sich im Rathaus aufhaltende Polizeichef … erklärte sich für nicht zuständig. Erst am Abend erschien Krafft im Rathaus. Nun übernahm „The First Provisional Government Detachment 31" … das Kommando in Köthen. Damit war der Krieg für die Stadt beendet. …
Köthen stand vom 15. April bis 1. Juli 1945 unter amerikanischem Befehl. Der bis Anfang Juni amtierende Kommandant Frank R. Eyre verfügte, dass die Stadtverwaltung einschließlich Oberbürgermeister Krafft (NSDAP-Mitglied seit 27. Juli 1932) die Amtsgeschäfte zunächst weiterführen sollte, um keine Verwaltungsanarchie aufkommen zu lassen. … Zu den ersten Anordnungen der Militärregierung, die eine große Anzahl gut erhaltener Häuser für ihre Zwecke beschlagnahmte, gehörten die Aufhebung nationalsozialistischer Gesetze (Gesetz Nr. 1), die Schließung aller deutschen Gerichte (Gesetz Nr. 2) sowie Unterrichts- und Erziehungsanstalten. Beamte wurden verpflichtet, bis auf weiteres auf ihren Posten zu verbleiben und alle Befehle der Militärregierung zu befolgen (Proklamation Nr. 1). Die NSDAP mit ihren Gliederungen, Verbänden, Organisationen und Einrichtungen löste die Militärregierung per Gesetz Nr. 5 auf. Jedwede politische Betätigung wurde untersagt. … Major Eyre stellte der Stadtverwaltung sechs Hauptaufgaben, die auch im ersten Aufruf der amerikanischen Militärregierung an die Köthener Bevölkerung vom 2. Mai 1945 enthalten sind:

1. Sicherung aller erforderlichen Dienste für die Besatzungsmacht
2. Sicherstellung der Ernährung
3. baldige Ingangsetzung eines normalen Lebens
4. Sicherung von Ruhe und Ordnung
5. Inganghaltung der Landwirtschaft
6. Wiedereröffnung der Unternehmen mit Genehmigung der Militärregierung.

Die Amerikaner zogen am Sonntag, dem 1. Juli, aus Köthen ab. Einen Tag später marschierte die Rote Armee ein. Stadtkommandant wurde Major Valentin Bogdanow. Die Übergabe der Stadt vollzog sich in Ruhe und Ordnung. … Bogdanow – erst 26 Jahre alt … – hielt eine Ansprache, bei der er betonte, dass seine Truppen nicht gekommen wären, um Deutschland zu knechten. Vielmehr gehe es um die Vernichtung des Faschismus und den schnellen wirtschaftlichen Aufbau. …
In den ersten Besatzungstagen blieben ausartende Übergriffe wie Massenvergewaltigungen oder Plünderungen sowjetischer Soldaten aus. Es kam zu „normalen" Willkürakten wie Lebensmittel-, Uhren-, Schmuck-, Fahrrad-, Motorrad- und Autodiebstählen. Bogdanow war darauf bedacht, Exzesse zu verhindern und hatte die Offiziere entsprechend instruiert. Die Truppen wurden sofort auf dem Gelände des am Stadtrand liegenden, zur sowjetischen Garnison umfunktionierten Fliegerhorstes kaserniert untergebracht, ein Grund, warum Übergriffe selten waren. Nach einigen Tagen war kaum noch Militär auf den Straßen zu sehen. …
Im August und September wurden dann aber vermehrt Willkürmaßnahmen aus Köthen gemeldet, die zumeist das in der Sowjetischen Besatzungszone übliche Maß nicht überschritten: kurzzeitige Verkaufs- und Schlachtverbote für Lebensmittel und Tiere, willkürliche Festlegungen bei Schwerarbeiterzulagen, Entnahme von Maschinen bei der Firma Paschen, kurzzeitige Schließung der Banken und Sparkassen. Allerdings ragt das Aufbrechen sämtlicher Schließfächer der Kreis und Stadtsparkasse bei gleichzeitiger Entnahme aller Wertgegenstände … am 9. September heraus.

Sperk, A.: Kriegsende und Besatzung in Köthen (Anhalt); in: Tullner, M.: Sachsen-Anhalt: Geschichte und Geschichten 2005/3. Anderbeck Verlag. Leipzig 2005. S. 28 ff.

37 Kriegsende 1945 in der Heimatregion

> Seite 184–187

Verfasse auf der Grundlage der Darstellung des Historikers Sperk mindestens sechs fiktive Tagebucheinträge eines Kötheners für die Zeit von April 1945 bis September 1945.

38 Die Konferenz von Helsinki

> Seite 200–201

1. Suche im folgenden Wörterrätsel 15 waagerechte und 15 senkrechte Begriffe und Abkürzungen, die im Zusammenhang mit diesem Ereignis von 1975 stehen.

K	N	A	Ö	I	S	C	Y	R	O	W	V	G	E	B	F	P	Ü	A	B
S	C	H	L	U	S	S	A	K	T	E	U	L	M	G	S	R	T	C	M
Z	O	E	Ö	Z	T	U	R	F	C	Ü	T	E	C	H	N	I	K	G	T
E	P	L	A	C	E	G	I	K	F	R	O	I	L	N	P	N	S	H	R
W	O	S	Q	S	U	W	X	Z	U	N	U	C	A	B	D	Z	I	P	W
Z	S	I	C	H	E	R	H	E	I	T	R	H	F	H	K	I	Z	Q	C
I	R	N	L	F	R	I	E	D	E	N	I	H	X	J	Z	P	U	Ä	S
I	E	K	A	H	B	N	U	P	D	B	S	E	C	E	G	I	R	X	T
J	N	I	I	J	K	L	M	B	V	Q	M	I	V	U	X	E	G	V	E
H	A	B	D	E	H	I	K	L	N	M	U	T	G	R	E	N	Z	E	N
U	O	Q	S	U	V	W	M	U	M	P	S	A	E	I	O	U	U	K	L
M	E	N	S	C	H	E	N	R	E	C	H	T	E	Ä	Ü	Ö	S	Z	F
A	A	W	I	S	S	E	N	S	C	H	A	F	T	N	B	H	A	B	G
N	Q	E	R	G	E	S	P	R	Ä	C	H	S	F	O	R	U	M	B	T
I	T	Z	U	I	O	P	P	Ü	A	S	D	F	R	V	H	J	M	Ü	R
T	K	L	Ö	Ä	Y	O	X	C	V	U	B	N	E	Ö	W	Q	E	R	S
Ä	E	V	E	R	T	R	A	U	E	N	S	B	I	L	D	U	N	G	E
T	R	T	Z	U	I	T	O	P	Ü	T	Z	W	S	K	N	W	A	E	L
T	Z	U	M	N	B	V	C	X	Y	E	Ä	I	E	E	K	I	R	R	B
K	O	N	F	E	R	E	N	Z	F	R	G	J	F	R	J	R	B	R	S
U	T	V	A	U	Q	W	E	O	Z	Z	E	X	R	R	O	T	E	E	T
L	Z	E	S	R	A	S	D	F	G	E	G	T	E	E	J	S	I	C	B
C	U	R	C	O	K	L	Ö	Ä	Y	I	X	U	I	C	V	C	T	H	E
L	I	L	V	P	N	M	Ü	P	O	C	I	C	H	H	Z	H	R	T	S
R	O	E	B	A	A	S	D	F	G	H	N	L	E	T	L	A	P	E	T
I	N	T	E	G	R	I	T	Ä	T	N	W	A	I	R	T	F	U	I	I
O	P	Z	Ü	A	S	D	F	G	H	U	J	O	T	L	Ö	T	Y	X	M
C	V	L	B	N	M	K	G	R	U	N	D	S	Ä	T	Z	E	J	H	M
H	D	I	A	L	O	G	G	F	D	G	D	C	S	A	Q	W	E	R	U
E	R	C	Z	U	M	W	E	L	T	S	C	H	U	T	Z	I	O	L	N
B	N	H	K	J	U	G	E	N	D	A	U	S	T	A	U	S	C	H	G

2. Stelle die Bedeutung der KSZE dar. Verwende dazu 5 gefundene Begriffe.

39 Die Rüstungsspirale im Kalten Krieg

> Seite 192–211

In der Zeit der Politik des Kalten Krieges prägte von Beginn an die militärische Aufrüstung den Konflikt zwischen Ost und West. Über 7,5 Mio. Soldaten der NATO und des Warschauer Pakts standen sich in Europa gegenüber. Atomwaffentests gehörten zum Wettrüsten. Gemessen an der Gesamtzahl der Tests fand bis 1998 ungefähr alle anderthalb Wochen ein Test statt. Auch nach dem Ende des Kalten Krieges wurde getestet. Nach und nach schlossen sich die Atommächte einem Moratorium (Vereinbarung, Atomtests zu unterlassen) an.

Mehrfach gerieten die beiden Lager an den Rand einer atomaren Katastrophe. Die offene Konfrontation wurde durch das „Gleichgewicht des Schreckens" verhindert. Einen Eindruck davon vermitteln folgende Zahlen.

1. Fertige zu den Kategorien Atomsprengköpfe und Atomwaffentests Säulendiagramme an.

Jahr	Atomsprengköpfe	
	USA	Sowjetunion
1945	6	–
1949	10	1
1958	10 000	1000
1960	20 000	1600
1966	31 982	8500
1977	25 000	25 000
1986	24 000	45 000
1990	21 000	37 500

Land	Atomwaffen-tests gesamt	Atomtest-moratorium
USA	1030	seit 1992
UdSSR	715	seit 1990
Großbritannien	45	seit 1979
Frankreich	210	seit 1997
China	45	seit 1997
Indien	6	seit 1999
Pakistan	6	seit 1999
Nordkorea	2	–

2. Die Massenvernichtungswaffen der Länder von heute reichen immer noch aus, die Erde mehrfach zu vernichten. Stell dir vor, jeder einzelne Mensch könnte über seinen Anteil vom gesamten Vernichtungspotential verfügen. Schreibe einen persönlichen Kommentar, in dem du darauf eingehst, wie du mit dieser Verantwortung umgehen würdest.

40 Der Osten im Wandel am Beispiel der DDR

> Seite 208/209

In einem Interview mit der Illustrierten „Stern", äußerte sich 1987 Kurt Hager, Sachverständiger für Ideologiefragen im Politbüro der SED, zur Politik der SED und zu den Reformen in der Sowjetunion:

Kurt Hager: (Vieles) bedeutete jedoch auch in der Vergangenheit nicht, dass wir alles, was in der Sowjetunion geschah, kopierten.
Frage: Ein hartes Wort. ...
Kurt Hager: Schon im Aufruf des ZK der KPD vom 15. Juni 1945 heißt es: „Wir sind der Auffassung, dass der Weg, Deutschland das Sowjetsystem aufzuzwingen, falsch wäre, denn dieser Weg entspricht nicht den Entwicklungsbedingungen in Deutschland." Übrigens kopiert die Sowjetunion auch nicht die DDR. Es scheint, dass westliche Medien an diesem Thema vom „Kopieren" interessiert sind, weil es in ihr Trugbild von der „Hand Moskaus" oder von der angeblichen Einförmigkeit und Eintönigkeit des Sozialismus passt. Würden Sie, nebenbei gesagt, wenn Ihr Nachbar seine Wohnung neu tapeziert, sich verpflichtet fühlen, Ihre Wohnung ebenfalls neu zu tapezieren? ... Die KPdSU ist bestrebt, die sozialistische Demokratie in der Sowjetunion zu vervollkommnen. Sie betrachtet, wie ich weiß, den von ihr eingeschlagenen Weg nicht als Modell für die anderen sozialistischen Länder.
Frage: Also kein Handlungsbedarf in der DDR?
Kurt Hager: Was die DDR anbelangt, so bedeutet Demokratie bei uns, dass Millionen Bürger in Parteien und Massenorganisationen, in Volksvertretungen, verschiedenen Verbänden und Interessengruppen, gesellschaftlichen Kommissionen und Aktivs, in den Haus- und Wohngemeinschaften mitwirken und ihre demokratischen Rechte wahrnehmen. Diese Demokratie ist lebendig und wird ständig weiterentwickelt.

Neues Deutschland, 10. April 1987. S. 3; in: SED und KPD zu Gorbatschows „Revolution". Deutschland Archiv, 20 (1987), S. 655 ff.

Udo Magister schrieb 1987 das Lied „Mein Nachbar tapeziert":

Mein Nachbar tapeziert,
ihm sind zu grau die alten Wände.
Hat lange Zeit da nichts getan
Und hätt sich fast gewöhnt daran,
doch das hat jetzt ein Ende ...

Mein Nachbar tapeziert.
Er schleppt schon die Tapeten.
Der ganze Keim in seinem Haus,
der ganze Unrat muss heraus
von sinnlos langen Feten.

Mein Nachbar tapeziert,
stets bis nachts nach elfe.
Mein Nachbar ist nicht irgendwer,
nein, nein, mein bester Freund ist der,
ist klar, dass ich ihm helfe.

Mein Freund, der tapeziert,
's ist kaum die Zeit zu rauchen,
wir messen aus und schneiden glatt,
dass alles auch den Zuschnitt hat,
den seine Wände brauchen.

Mein Freund, der tapeziert.
Ich lieg unruhig im Bette,
denn ich seh auch manch Fleck bei mir,
ich seh, dass manche Ecke hier
es auch mal nötig hätte.

Mein Freund, der tapeziert.

Schwarz/Bergholz, Liederleute, S. 128 f.

„Brüder, zur Sonne, zur Freiheit", Karikatur von Walter Hanel, 1988.

Interpretiere vergleichend das Interview, das Lied und die Karikatur.

42 Rätsel zur Politik des Kalten Krieges

> Seite 190–221

Ergänze die jeweils fehlenden Beschreibungen oder Begriffe.

Kurzbeschreibung	Begriff/e oder Abbildung
Supermächte zu Beginn des Kalten Krieges	

	„Eiserner Vorhang“
erster künstlicher Erdsatellit	
	„Der heiße Draht“
Bezeichnung für das östliche militärische Bündnis	
politischer Konflikt zwischen der UdSSR und den USA, der fast einen Atomkrieg ausgelöst hätte	
	SALT und START
friedlicher Wettbewerb zwischen Sozialismus und Kapitalismus	
	KSZE
Vertragswerk der KSZE mit Prinzipien für vertrauensbildende Maßnahmen der Staaten	
	„Schwerter zu Pflugscharen“
Bezeichnung für die Umgestaltung der Gesellschaft in der Sowjetunion	
Politiker, der politische Reformen in der Sowjetunion einleitete	
	Karl-Eduard von Schnitzler
freie und unabhängige Gewerkschaft in Polen	

Ausdruck für das Kräfteverhältnis der Machtblöcke im Kalten Krieg	

43 „Als das Volk die Stasizentrale besetzte“

> Seite 224–227

In einem Interview, das während eines Rundganges durch den ehemaligen Hauptsitz des DDR-Geheimdienstes entstand, erinnert sich Carlo Jordan, Vertreter des Runden Tisches, an die Besetzung der Stasizentrale am 15. Januar 1990.

Gerwald Herter: Es geschah heute vor 20 Jahren. Der Runde Tisch hatte längst weitreichende Beschlüsse gefasst …, da fiel der DDR-Regierung ein, dass sie auch in Zukunft Geheimdienste brauche, und das war dann zu viel.

Demonstranten versammelten sich am Nachmittag vor der Ostberliner Stasizentrale, irgendwann ließen sie sich von den Volkspolizisten nicht mehr aufhalten und gingen einfach rein. Anfang der Woche habe ich darüber mit Carlo Jordan in der früheren Stasizentrale in Berlin gesprochen. Er hat mich dabei durch das Gebäude geführt, wo er vor genau 20 Jahren im Auftrag des Runden Tischs mit dem diensthabenden Stasi-General verhandelte.

Was ist hier am 15. Januar vor 20 Jahren passiert, Herr Jordan?

Carlo Jordan: Das Neue Forum hatte zu einer friedlichen Demonstration vor der Zentrale des Ministeriums für Staatssicherheit aufgerufen. Es kamen ungefähr 2000 bis 3000 Menschen und es war zunächst geplant, außerhalb der Zentrale zu demonstrieren …

Aber nach einiger Zeit wurde dann das Tor geöffnet. Die Menschen stürmten jetzt ins Innere dieser Stasizentrale, des Stasikomplexes und stürmten dann entlang der beleuchteten Areale. …

Der Aufruf erfolgte vom Neuen Forum. Das Neue Forum hatte nun wirklich nichts mit der SED zu tun. Natürlich war auch der SED-PDS, wie sie damals schon hieß, die Konzentration auf die Staatssicherheit nicht unlieb. Die Staatssicherheit wurde in der Revolution zum Buhmann, zum Prügelknaben, und der eigentliche Befehlsgeber, die Partei – denn die Stasi war Schild und Schwert der Partei –, geriet dabei natürlich etwas aus dem Visier des Volkszorns …

Für uns damals am zentralen Runden Tisch … war eine Frage natürlich sehr beunruhigend. Wir hatten in der Woche vorher erfahren, wie viele Waffen noch hier im Ministerium für Staatssicherheit waren. Wir haben dann auch den zentralen Runden Tisch unterbrochen, sind hier her, haben uns an die Demonstranten gerichtet, haben deeskaliert und haben dann auch im Gespräch mit General Engelhardt zunächst mal gefragt, wo sind denn die Waffen, sind die sicher.

…

Gehen wir mal hier heraus. Hier ist eine Kirche …, gegenüber ist ein Gerichtsgebäude. Und hinter dem Gerichtsgebäude sind Gebäude, in denen ich selbst zweimal zu Gruppenvernehmungen verhaftet war.

Herter: Was haben Sie das erste Mal gefühlt, als Sie bei solch einer Vernehmung waren?

Jordan: Ein schrecklicher Moment. Wir wurden aus der Wohnung geholt, unten stehen Pkw, die sind schon voll mit Menschen, mit Offizieren. Ein Pkw mit fünf Plätzen nimmt dann nur einen Oppositionellen auf, bei Verhaftungen aus Wohnungen, und er sitzt hinten zwischen zwei Offizieren, fährt durch die Stadt, dann öffnet sich ein graues Tor, hinein in einen Hof, und dann wird man erst mal irgendwo sitzen gelassen. Das ist so die Taktik der Staatssicherheit und von Geheimdiensten, die Leute erst mal so aus ihrem normalen Alltag zu reißen und sie warten zu lassen. Dann vielleicht beginnt irgendwann die Überführung in ein spezielles Vernehmungszimmer und dann sitzt da auch ein Offizier, ausgeruht, und lächelt sie an und fragt: „Wissen Sie, warum Sie hier sind? Wie lange Sie hier drinbleiben, ob Sie hier heute Abend wieder rauskommen? Es ist bald Weihnachten. Sie haben eine kleine Tochter. Ob Sie dann bei ihrer Tochter sind, wissen Sie, wer das entscheidet? Das entscheide ich.“

…

Herter: Was haben Sie persönlich davon gehabt, dass diese Akten nicht vernichtet worden sind? Haben Sie sich damit auseinandergesetzt und hat Ihnen das geholfen, diese ganze Zeit aufzuarbeiten?

Jordan: Ja, schon, bestimmte Strafen, die ich bekommen hatte, aufzuklären. Zum Beispiel die erste Stasistrafe, die ich bekam, war als Bauingenieurstudent eine Reisesperre, weil wir damals „Biermanntexte“ gedruckt hatten. Und ich dachte immer, diese Sperre hätte ich bekommen, weil ich einmal nicht zur Wahl gegangen war.

Dann stellte sich heraus, dass wir als kleine jungoppositionelle Gruppe von der Staatssicherheit beobachtet wurden und dass man aber dann als Strafe Reisesperre einlegte, wie das hieß. …

Herter: Viele sind immer noch der Meinung, dass das richtig war, was sie da gemacht haben. Nicht alle haben sich dazu bekannt oder kritisch damit auseinandergesetzt. Empfinden Sie das als gerecht?

Jordan: Es ist keine Straftat in dem Sinne und gerecht war natürlich der Zustand, der welteinzigartig war, dass die Akten geöffnet wurden …, und dass der Aufarbeitungsprozess auch jetzt ein persönlicher wurde,

44 „Als das Volk die Stasizentrale besetzte"

> Seite 224–227

sodass jeder Bürger … die Möglichkeit hat, Akten einzusehen, die die Staatssicherheit über ihn angelegt hat, und dann persönlich auch versuchen kann, das aufzuarbeiten. Viele von den Spitzeln sind natürlich auch geübte Chamäleons, die in jedem System besser klarkommen, als eher widerspenstig orientierte Menschen.

Herter: Herr Jordan, vielen Dank für dieses Interview.

www.dradio.de/dlf/sendungen/interview_dlf/1106285/ (Stand: 12.01.2010)

1. Ordne die Besetzung der Stasizentrale historisch in den Prozess der deutschen Einheit ein.

2. Erläutere, wie es zur Besetzung der Stasi-Zentrale kam.

3. Schildere Erfahrungen, die Carlo Jordan mit der Staatssicherheit gemacht hat.

4. Begründe, inwiefern die Sicherstellung der Akten für Carlo Jordan persönlich wichtig war.

5. Erkläre, welche Bedeutung die Öffnung der Stasiakten allgemein hatte.

6. Informiere dich unter http://www.dradio.de/dlf/sendungen/interview_dlf/1106285/ über das vollständige Interview. Welche zusätzlichen Informationen erhältst du?

Eine Ausstellungstafel erklären

> Seite 232–241

1. Benenne die unterschiedlichen Bestandteile der Ausstellungstafel.

2. Erkläre die Funktion der einzelnen Bestandteile.

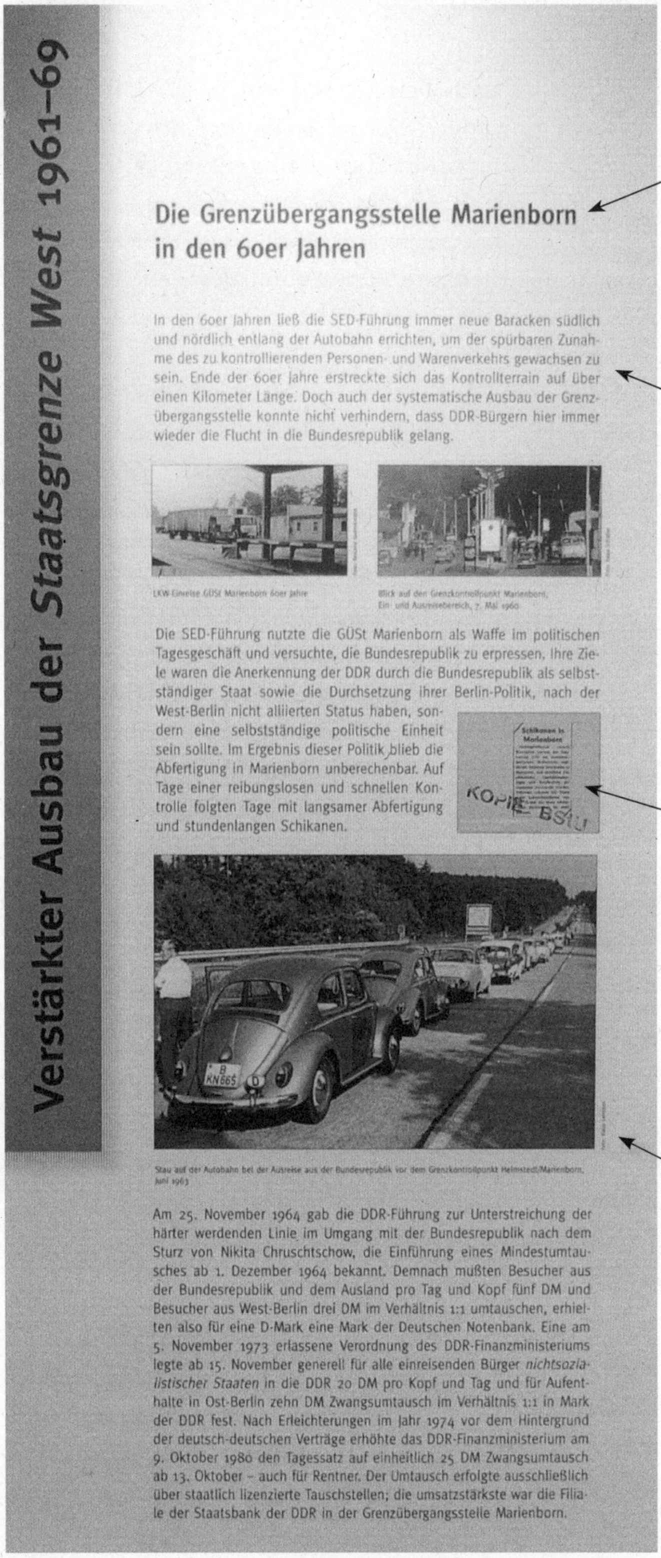

Verstärkter Ausbau der *Staatsgrenze West* 1961–69

Die Grenzübergangsstelle Marienborn in den 60er Jahren

In den 60er Jahren ließ die SED-Führung immer neue Baracken südlich und nördlich entlang der Autobahn errichten, um der spürbaren Zunahme des zu kontrollierenden Personen- und Warenverkehrs gewachsen zu sein. Ende der 60er Jahre erstreckte sich das Kontrollterrain auf über einen Kilometer Länge. Doch auch der systematische Ausbau der Grenzübergangsstelle konnte nicht verhindern, dass DDR-Bürgern hier immer wieder die Flucht in die Bundesrepublik gelang.

LKW-Einreise GÜSt Marienborn 60er Jahre

Blick auf den Grenzkontrollpunkt Marienborn, Ein- und Ausreisebereich, 7. Mai 1960

Die SED-Führung nutzte die GÜSt Marienborn als Waffe im politischen Tagesgeschäft und versuchte, die Bundesrepublik zu erpressen. Ihre Ziele waren die Anerkennung der DDR durch die Bundesrepublik als selbstständiger Staat sowie die Durchsetzung ihrer Berlin-Politik, nach der West-Berlin nicht alliierten Status haben, sondern eine selbstständige politische Einheit sein sollte. Im Ergebnis dieser Politik blieb die Abfertigung in Marienborn unberechenbar. Auf Tage einer reibungslosen und schnellen Kontrolle folgten Tage mit langsamer Abfertigung und stundenlangen Schikanen.

Stau auf der Autobahn bei der Ausreise aus der Bundesrepublik vor dem Grenzkontrollpunkt Helmstedt/Marienborn, Juni 1963

Am 25. November 1964 gab die DDR-Führung zur Unterstreichung der härter werdenden Linie im Umgang mit der Bundesrepublik nach dem Sturz von Nikita Chruschtschow, die Einführung eines Mindestumtausches ab 1. Dezember 1964 bekannt. Demnach mußten Besucher aus der Bundesrepublik und dem Ausland pro Tag und Kopf fünf DM und Besucher aus West-Berlin drei DM im Verhältnis 1:1 umtauschen, erhielten also für eine D-Mark eine Mark der Deutschen Notenbank. Eine am 5. November 1973 erlassene Verordnung des DDR-Finanzministeriums legte ab 15. November generell für alle einreisenden Bürger *nichtsozialistischer Staaten* in die DDR 20 DM pro Kopf und Tag und für Aufenthalte in Ost-Berlin zehn DM Zwangsumtausch im Verhältnis 1:1 in Mark der DDR fest. Nach Erleichterungen im Jahr 1974 vor dem Hintergrund der deutsch-deutschen Verträge erhöhte das DDR-Finanzministerium am 9. Oktober 1980 den Tagessatz auf einheitlich 25 DM Zwangsumtausch ab 13. Oktober – auch für Rentner. Der Umtausch erfolgte ausschließlich über staatlich lizenzierte Tauschstellen; die umsatzstärkste war die Filiale der Staatsbank der DDR in der Grenzübergangsstelle Marienborn.

Bestandteil: ______________________

Funktion: ______________________

____

____

Bestandteil: ______________________

Funktion: ______________________

____

____

Bestandteil: ______________________

Funktion: ______________________

____

____

Bestandteil: ______________________

Funktion: ______________________

____

____

3. Entwickle in Partnerarbeit Vorschläge zur inhaltlichen und gestalterischen Verbesserung der Ausstellungstafel.

____

____

____

Über eine Ausstellung informieren

> Seite 232–241

In Pressemitteilungen informieren Museen die Presse über kommende Ausstellungen. Diese Meldungen sollen Redakteure und Journalisten davon überzeugen, auch in ihren Medien über die Ausstellung zu berichten. Gelingt dies, so wird diese mehr Leuten bekannt, als die Museen alleine mit ihrer Werbung erreichen könnten.

„Spaß beiseite. Humor und Politik in Deutschland"
Neue Wechselausstellung im Zeitgeschichtlichen Forum Leipzig

...

Die neue Ausstellung zeigt mit über 800 Exponaten, interaktiven Installationen, Film- und Tondokumenten die Entwicklung im geteilten sowie geeinten Deutschland und widmet sich gegenwärtigen Tendenzen des Humors. Sie präsentiert Zeitgeschichte auf unterhaltsame, oft auch überraschende Weise und stellt die stets aktuelle Frage: Wo hört der Spaß auf?

„Spaß beiseite. Humor und Politik in Deutschland" ist vom 22. Mai bis 24. Oktober 2010 im Zeitgeschichtlichen Forum Leipzig zu sehen.

Der Eintritt ist frei.

... Nach dem Zweiten Weltkrieg erlebte Satire in Deutschland eine Renaissance. In Westdeutschland gewannen die großen Kabaretts über das Fernsehen Popularität, auch der Karneval erreichte hier ein Millionenpublikum. ...

In der DDR verpflichtete das SED-Regime die Satiriker auf die Unterstützung des „Sozialismus". Doch das Volk suchte nach Ventilen für seinen Unmut. Trotz strenger Kontrollen wurden Kabarett und Karikatur zum Medium der Kritik, aber ungeschminkt trat die Wahrheit nur in politischen Witzen zutage, deren Verbreitung mit persönlichen Risiken verbunden war. Erst in der friedlichen Revolution des Herbsts 1989 konnten die Menschen ihre Meinung mit „volkseigener Satire" öffentlich äußern. ...

Die Ausstellung zeigt zahlreiche Objekte namhafter west- und ostdeutscher Kabarettisten [...]. Die Besucher können ... Filmausschnitte historischer Kabarettprogramme verfolgen, verbotene Karikaturen oder politische Witze gegen das SED-Regime kennen lernen. Immer wieder laden interaktive Installationen zum Mitmachen und Schmunzeln ein. Medien und Dokumente illustrieren Anlässe und Hintergründe des Streits um satirische Fernsehsendungen ... Transparente der Montagsdemonstrationen im Herbst 1989 zeigen Satire als Mittel des Protests. ...

http://www.hdg.de/leipzig/presse/news-details/spass-beiseite-humor-und-politik-in-deutschland-br-neue-wechselausstellung-im-zeitgeschichtlichen-forum-leipzig/ (Stand: 25.05.2011)

1. Erkläre kurz den Aufbau der Pressemitteilung.

2. Unterstreiche die wichtigsten Informationen, die ein Journalist für einen kurzen Artikel verwenden könnte.

3. Verfasse eine Pressemitteilung zur Dauerausstellung der Gedenkstätte Deutsche Teilung in Marienborn.